H. Scheiling

Altes Gold aus Spurgeons Schätzen

von Helga B.

Zum 21. 10. 85

Altes Gold
aus Spurgeons Schätzen

Oncken Verlag Wuppertal und Kassel
Verlag Evangelische Gesellschaft Wuppertal

Nach der Ausgabe
»Altes Gold aus Spurgeons Schätzen«
gesammelt von Albert Hoefs, Kassel 1938
überarbeitet und herausgegeben
von Otto Ekelmann, Berlin 1962

Umschlaggestaltung: Carsten Buschke, Leichlingen 2
Gesamtherstellung: Breklumer Druckerei Manfred Siegel KG
ISBN 3-7893-7173-4 (Oncken)
ISBN 3-87857-208-5 (Ev. Gesellschaft)

Vorwort

Charles Haddon Spurgeon, »der Fürst unter den Predigern«, geboren am 19. 6. 1834 in Kelvedon, Essex, gestorben am 31. 1. 1892 in Mentone, war unter siebzehn Geschwistern das älteste Kind eines freikirchlichen puritanischen Pastors in England. Die Puritaner, strenge Calvinisten, drängten auf Reinheit des Glaubens und persönliche Frömmigkeit. Ihre Gottesdienste hielten sie schlicht, ohne den Prunk der Hochkirche. Spurgeon war von Kindheit an ein Gottsucher. Noch vor Erreichung seines 16. Lebensjahres erlebte er seine Bekehrung. Trotzdem geriet er danach in Zweifel durch das Lesen freigeistiger Bücher. Gott hat ihn durch diese Versuchung bald gnädig hindurchgeleitet.

Spurgeon schloß sich einer Baptistengemeinde an und durfte auf den Dörfern der Umgebung sonntäglich predigen. Bald berief den erst Siebzehnjährigen eine Landgemeinde zum Gemeindehirten. Es muß in Erstaunen setzen, daß dieser junge Prediger schon gegen Ende das Jahres 1853 von einer bedeutenden Londoner Baptistengemeinde zur Probepredigt gebeten wurde. Bald darauf wählte diese Gemeinde den noch nicht Zwanzigjährigen zum Prediger, ohne daß er eine theologische Ausbildung erhalten hatte. Er diente dieser Gemeinde ununterbrochen 38 Jahre. 1861 wurde für seine Predigt-Gottesdienste das riesige Metropolitan Tabernacle erbaut. Hier predigte er 31 Jahre Sonntag um Sonntag vor etwa 6000 Menschen. Er predigte streng schriftgemäß. Gebet und ständiges Bibelstudium gaben ihm immer wieder Grund und Freudigkeit für die frohe Bezeugung der großen Wahrheiten Gottes, wie sie in der Bibel ausgesagt sind.

Jede seiner Sonntagspredigten wurde sofort gedruckt. Die letzte trug die Nummer 3563. In etwa 60 Predigtbänden wurden diese zusammengefaßt. Seine Predigten wurden außerdem lange Zeit jeden Montag nach Amerika gekabelt und dort häufig als Inserate in großen Zeitungen veröffentlicht. Zu den Predigtbänden kamen im Ablauf der Jahrzehnte etwa 100 Bücher. In über 30 Sprachen erschienen seine Predigten und Schriften. In Deutschland werden sie seit 1859 vor allem im Oncken Verlag herausgegeben.

Dieser Sammelband enthält Kernstücke aus Predigten Spurgeons. Sie sind nach der Reihenfolge der biblischen Bücher angeordnet, aus denen die Textstellen stammen, die hier nach der Bibelübersetzung Hermann Menges jeweils vorangestellt sind. Die volkstümlichen und bilderreichen Spurgeontexte sind sowohl für die persönliche Betrachtung als auch zur Illustration für Predigten und Ansprachen geeignet. Ausführliche Register erleichtern die Benutzung. Der Verlag

Ja, sollte Gott gesagt haben . . .?

Nun war die Schlange listiger als die Tiere des Feldes, die Gott der Herr geschaffen hatte; die sagte zum Weibe: „Sollte Gott wirklich gesagt haben: ‚Ihr dürft von allen Bäumen des Gartens nicht essen (d. h. also: von gar keinem Baum)!' " 1. *Mose 3, 1*

Meine lieben Freunde, die ihr erst kürzlich zum Glauben kamt, hat euch der Satan nicht schon mit einem bösen: „Sollte Gott?" geplagt? Wie glatt kommt ihm dies Wort über die Lippen! Es ist sein Lieblingswort, der beste Pfeil in seinem Köcher. Das ist seit dem Paradies seine immer wieder angewandte Taktik.

Satan ist der Fürst der Zweifler, und eins der unheilvollsten Werke, die er vollbringt, ist es, den Menschen Zweifel einzuimpfen. Er flüstert mit boshaftem Lächeln dem Neubekehrten ins Ohr: „Wenn nun doch alles Täuschung wäre?" Du sagst, du hättest Vergebung, fändest dich gerechtfertigt und bei Gott in Gnaden angenommen. Er flüstert dir ein: „Wenn das aber nun alles Einbildung ist?!"

Ich bitte euch, meine lieben Freunde, laßt euch nie von dem festen Grunde des Wortes Gottes abbringen! Wenn er euch erst dahin brachte, mit dem, was ihr *fühlt*, eure Gotteskindschaft beweisen zu wollen, dann wird er euch bald umgeworfen haben; denn der Grund unserer Errettung liegt nicht in uns und unseren Gefühlen. Die sind sehr wechselvoll; es kann sehr gut sein, daß nach einer halben Stunde alle eure seligen Gefühle geschwunden sind. Ihr müßt dem Versucher antworten: „Glaube an den Herrn Jesum Christum, so wirst du selig!" oder: „Wer an ihn glaubt, wird nicht gerichtet!" oder: „Wahrlich, ich sage euch, wer an mich glaubt, der *hat* das ewige Leben!" Diese Wahrheit kann niemand und nichts umstoßen. Sie steht fest und wird immer fest stehen bleiben.

Nun wirft der Satan ein: „Du mußt zugeben, daß du selbst nach deiner Bekehrung noch sehr unvollkommen bist." Antworte ihm, daß, wenn es sich um Vollkommen-

heit handelt, niemand mehr Ursache hat, den Mund zu halten, als er!
Bleibe dabei, daß geschrieben steht: „Jesus Christus kam in die Welt, die Sünder selig zu machen!" und: „Wer an ihn glaubt, soll nicht verlorengehen, sondern das ewige Leben haben!"

Gott ist nicht ein Mensch, daß er lüge!

Gott ist nicht ein Mensch, daß er lüge, noch ein Menschenkind, daß ihn etwas gereue: sollte er etwas sagen und es nicht ausführen? sollte er etwas verheißen und es nicht erfüllen? *4. Mose 23, 19*

Wie süß sind der Seele in den Zeiten der Not die Verheißungen des Herrn! Für jedes Bedürfnis ist die Stillung vorhanden, für jede Wunde ein Balsam, für jede Krankheit eine Arznei. Wenn wir uns zur Bibel wenden, so finden wir ganz bestimmt für jeden Einzelfall das passende Wort unseres Gottes.
Ich berufe mich auf eure Erfahrung, meine Brüder. Habt ihr in der Trübsal und in den Stunden der Angst nicht gefühlt, wie köstlich für euch die tröstlichen Zusagen Gottes waren? Erinnert ihr euch nicht einer Zeit, da euer Geist so niedergebeugt war, daß ihr meintet, nie hindurchkommen zu können durch euer Kreuz und Leid? Ihr wäret auch nicht mit ihm fertig geworden, wenn ihr euch nicht an ein köstliches Gotteswort hättet halten können.
Jeder Prediger des Evangeliums hat oft gefürchtet, daß seine Botschaft nichts ausrichtet. Aber er hat den Meister sagen hören: „Der eine sät, der andere schneidet." Sonntagsschullehrer wollten verzagt ihre Arbeit einstellen, weil sie meinten: „Ich arbeite umsonst und bringe meine Kraft unnütz zu." Aber sie fanden die tröstliche Verheißung: „Mein Wort soll nicht leer zurückkommen."
Du hast Leid getragen um einen teuren Angehörigen, der dir genommen wurde. Hast du im tiefsten Dunkel nicht das trostvolle Licht aufleuchten sehen: „Denen, die Gott lieben, dienen alle Dinge zum Besten!"? Du hast gar dei-

nen Mann, den Versorger deiner Kinder, hergeben müssen; aber das Herz ist dir nicht gebrochen, denn dir wurde als Trost das Schriftwort geschenkt: „Der Herr erhält Waisen und Witwen."

Doch was brauche ich es dir zu sagen, du Jünger des Herrn, daß tröstende Verheißungen in der Bibel stehen?! Sie sind dir oft selbst Stecken und Stab gewesen.

Ich würde nicht ein Blatt der Bibel verkaufen, und wenn man mir die ganze Welt dafür bieten wollte. Nirgend kann ich solchen Trost finden wie in dir, „du heil'ges Buch, von Gott gegeben". Du bist mir der Himmel auf Erden mit deinen Verheißungen.

Und sie sind nicht leere Vertröstungen; nein, „alle Gottesverheißungen sind Ja und Amen in ihm".

Der rettende Blick

Da fertigte Mose eine eherne (= kupferne) Schlange an und befestigte sie oben an einer Stange. Wenn nun eine Schlange jemanden gebissen hatte und er auf die eherne Schlange hinschaute, so blieb er am Leben.
4. Mose 21, 9

Die Geschichte, der unser Bibelwort entnommen ist, erzählt von den feurigen Schlangen, die Gott in das Lager des Volkes schickte, um die Murrenden zu beißen und einem schnellen Tode auszuliefern. Ebenso wird aber gezeigt, wie ein Blick auf die eherne Schlange sofortige Hilfe brachte.

Das Volk war unzufrieden mit der Speise, die Gott darreichte, obwohl sie das Beste vom Besten empfingen; sie durften ja „Engelbrot" essen. Aber sie gaben dem Manna einen Schimpfnamen. Sie sprachen: „Unsere Seele ekelt vor dieser losen Speise!", als ob sie nicht nahrhaft und ausreichend genug gewesen sei. Sie murrten, obgleich das Manna alles übertraf, was vorher und nachher je von Sterblichen genossen worden ist.

Das ist die immer wiederkehrende Torheit der Menschen.

Ihr Herz will sich nicht von Gottes Wort nähren, nicht an Gottes Wahrheit glauben. Sie verlangen nach der Speise der menschlichen Vernunft, dem Gewürz des Aberglaubens und der Süßspeise der Spekulation. Sie können sich nicht so tief beugen, dem Worte Gottes zu glauben, eine Wahrheit anzunehmen, die der Fassungskraft eines Kindes angemessen ist.

Viele fordern etwas, das tiefer ist als das Göttliche, inhaltsreicher als das Unendliche, freiheitlicher als die freie Gnade. Sie murren wider Gottes Weg und Gottes Brot, und deshalb kommen die feurigen Schlangen der bösen Lust, des Stolzes und der Sündenreizung unter sie.

Vielleicht spreche ich zu einigen, die bis zu diesem Augenblick mit den Lehren und Vorschriften des Herrn unzufrieden gewesen sind. Ich möchte euch ernstlich warnen, da euer Ungehorsam und eure Anmaßung euch in Sünde und Elend führen werden. Empörung wider Gott schießt sehr schnell ins Kraut. Wenn wir in unserem Denken und Wünschen den Herrn verlassen, wird die Versuchung auf unserem Wege lauern und die Sünde uns in die Ferse stechen.

Nun aber laßt mich klarstellen, von wem unser Text handelt, nämlich von solchen, die wirklich von Schlangen gebissen waren. Es steht deutlich da: *„Wer gebissen ist, soll* die eherne Schlange ansehen."

Nach der gewöhnlichen Vorstellung ist das Heil für die *guten* Leute da. Das stimmt jedoch nicht. Gottes Arznei ist für die Kranken und seine Heilung für die Siechen. Die Gnade Gottes durch die Versöhnung unseres Herrn Jesus Christus gilt solchen, die wirklich und wahrhaftig schuldig sind.

Ich kümmere mich nicht um die Schein-Sünder, um die, die „von Natur" gut sind, bei denen alles wohl steht. Nein, ich bin zu denen gesandt, die unter der Last ihrer Sünde seufzen, die den ewigen Zorn verdient haben. Die eherne Schlange war ein Heilmittel für solche, die gebissen waren. Für wirkliche Sünder ist Christus ans Kreuz erhöht. Sie mögen sich für hoffnungslos halten, aber in Gottes unendlicher Gnade ist das Heilmittel für sie bereitet.

Der Biß der Schlangen, die unter das Volk geschickt wurden, war sehr schmerzhaft. Der Text sagt, sie seien feurig gewesen, was sich wahrscheinlich auf die brennende Wirkung des Giftes bezieht. – So ist es auch mit dem Natterngift, das wir Sünde nennen; es entzündet die Seelen der Menschen. Sie schreiben ihr eigenes Verdammungsurteil. Sie sind gewiß, daß sie verlorengehen, weisen jede Botschaft der Hoffnung zurück. Ihr könnt sie nicht dahinbringen, das Evangelium ruhig anzuhören. Die Sünde erweckt solche Angst in ihnen, daß sie sich als dem Tode Geweihte verloren geben.
Für diese Leute wurde die eherne Schlange errichtet, und für Menschen, die wirklich durch die Sünde vergiftet sind, wird die Hilfe durch Jesus gepredigt. Ein Blick auf Jesus macht sie gesund von ihrer Plage.

Licht im Dunkel

Der Herr stellte dann Hiobs Glücksstand wieder her, als er Fürbitte für seine Freunde eingelegt hatte; und der Herr vermehrte den ganzen Besitz Hiobs so, daß er doppelt so groß war als früher. *Hiob 42, 10*

„Der Herr wandte das Gefängnis Hiobs." Unsere langwierigsten Leiden nehmen ein Ende; auch den tiefsten Tiefen unseres Elends ist eine Grenze gesetzt. Unsere Nöte nehmen ein Ende, wenn Gott sein Ziel durch sie erreicht hat.
Bei Hiob kam es darauf an, daß der Satan überwunden, in seinen Erwartungen enttäuscht und mit seinen eigenen Waffen geschlagen wurde, nachdem er in der Versuchung Hiobs seinen Willen bekommen hatte.
Auf Satans Begehren reckte Gott seine Hand aus und tastete Hiobs Fleisch und Gebein an; dennoch vermochte die Versuchung in dem Knecht Gottes nicht die Oberhand zu gewinnen, sondern prallte an den glaubensvollen Worten ab: „Ich weiß, daß mein Erlöser lebt!"
Wenn der Satan überwunden ist, hört der Kampf auf.

Darauf zielte der Herr bei der Glaubensprüfung ab. Wie viele Stürme auch die Palme erschütterten, dennoch blieb sie festgewurzelt stehen, das Haupt zum Himmel gewendet. Des Feuers Glut war heiß, aber sie verzehrte das feine Gold nicht, sie sonderte nur die Schlacken aus.
Gott hatte jedoch noch eine andere Absicht: Seine eigene Ehre sollte gefördert werden. Und wahrlich, er ist über alles verherrlicht worden! Gott hat seinem großen Namen und seinen weisen Ratschlüsssen ewigen Ruhm erworben durch die Gnade, mit der er mitten in den schwersten Trübsalen seinen heimgesuchten Knecht aufrecht erhielt.
Noch mehr erreichte Gott: Hiob wurde durch seine Trübsale weitergeführt auf dem Wege der Heiligung. Sein Geist war gereift und die Selbstgerechtigkeit, die im Verborgenen wucherte, völlig ausgetrieben.
Und dann, als Gott seine Gnadenabsichten erreicht hatte, zerbrach er die Zuchtrute, hob das geläuterte Silber aus der Glut; „denn der Herr plagt und betrübt nicht von Herzen die Menschen." Dies zeigt er daran, daß er sie nicht länger prüft, als das für sie notwendig ist. Er läßt sie auch nicht *einen* Augenblick länger im Ofen der Trübsal als die Erreichung seiner Liebes- und Heilsabsichten erfordert. „Der Herr wandte das Gefängnis Hiobs."
Darum verzweifle nicht, du vielgeprüfter Dulder! Der, welcher das Gefängnis Hiobs wandte, kann auch das deine enden, wie er die Wasser gegen Mittag trocknete. Er läßt deinen Weinberg wiederum blühen und macht deinen Acker von neuem fruchtbar; du gehst einher im Reigen der Fröhlichen, und von deinen Lippen ertönt dankbarer Freudengesang. Laß dich nicht von den Fesseln der Verzweiflung gefangen halten! Hoffe nur, denn hier *darfst* du hoffen! Vertraue, denn hier ist Grund zum Vertrauen! Er hebt dich wiederum empor. Er bereitet dir ein Jauchzen und führt dich aus dem Gefängnis. Dann erschallt dein Lob aus übervollem Herzen: „Du hast meine Klage verwandelt in einen Reigen; du hast meinen Sack ausgezogen und mich mit Freuden gegürtet!"

Schlag die Augen nieder!

Verfehlungen – ach, wer nimmt sie wahr? Von den unbewußten Fehlern sprich mich los! *Psalm 19, 13*

Wer von uns vermag mit Bestimmtheit zu sagen, wie Tugend und Untugend in seinen Handlungen nebeneinander hergehen, sich miteinander verbinden? Wer kann genau angeben, wieviel Gottlosigkeit mit unserer Rechtschaffenheit vermischt ist, wieviel Ungerechtigkeit mit unserer Gerechtigkeit? Wer ist imstande, jede seiner Handlungen so zu zergliedern, daß alle ihre Triebfedern offen daliegen und er nachweisen kann, wie viele gute und wie viele böse Bestandteile darin enthalten sind?
Und wenn wir nun nach sorgfältiger Erforschung unserer Motive zu dem Schluß gekommen sind, richtig gehandelt zu haben, wer gibt uns die Gewähr, nicht zu irren? Wir können doch irgend etwas falsch beurteilt haben, wenn wir auch noch ernstlich prüften. Mag nicht manches, was von außen sehr schön aussieht, doch häßlich sein, weil es aus einer Gesinnung hervorgegangen ist, die von der Sünde getrübt wurde?
„Wer kann merken, wie oft er fehlet?" Wer vermag jeden Fehler zu entdecken, den er je begangen hat? Gottes Auge kann schon den leisesten Schatten der Sünde nahen sehen, aber wir nehmen ihn nicht immer wahr. Der Sündenfall hat die Sehkraft unserer Augen so geschwächt, daß wir es kaum merken, wenn ein Schatten dieser Finsternis naht; wir spüren sie erst, wenn es rabenschwarze Nacht geworden ist. Und doch scheidet uns schon der leiseste Schatten von Ungerechtigkeit von dem Vollkommenen, belastet uns in den Augen Gottes mit Schuld.
Wer kennt auch nur die *Zahl* seiner Sünden? Der klarste Geist ist nicht fähig, die Verfehlungen eines Tages zu berechnen.
Noch weiter. Könnten wir auch die Zahl menschlicher Sünden berechnen, wer will die *Höhe ihrer Schuld* begreifen? In Gottes Augen verdient die Schuld jener einzigen Sünde, die wir törichterweise eine kleine nennen,

sein ewiges Mißfallen. Ehe nicht diese Missetat gesühnt ist, kann Gott die Seele nicht mit Wohlgefallen betrachten, noch sie mit Liebe umfangen. Wohl hat er den Menschen gemacht, seine Barmherzigkeit ist unendlich groß; dennoch ist seine Gerechtigkeit so unbeugsam, daß er sein liebstes Kind von seinem Angesicht verstoßen müßte, wenn eine einzige Sünde ohne Sühnung bliebe.
Doch genug von dieser Not. Es gibt ein Gotteswort, an das wir uns klammern wollen: „Wo die Sünde mächtig geworden ist, da ist doch die Gnade viel mächtiger geworden."

Licht!

Denn bei dir ist der Brunnquell des Lebens
und in deinem Lichte schauen wir Licht.
Psalm 36, 10

Ohne göttliches Licht kann niemand erkennen, daß er sich in einem hoffnungslosen Zustand befindet. Von Natur werden wir das nie verstehen und zugeben. Wir meinen vielmehr, wir seien gerecht, und es stehe ganz gut um unsere Seele. Erst wenn Gottes Blitze in unser verfinstertes Herz dringen, erkennen wir unseren verzweifelten Zustand und fühlen uns unsagbar elend. Dann sehen wir, wie außerordentlich sündig unsere Sünde ist.
Fällt dann aber dieses Licht auf das Kreuz unseres Heilands, so erkennen wir zu unserem höchsten Glück, daß Jesus der Stellvertreter des Sünders ist, der Bürge des Neuen Testaments, der an unserer Statt, um unsertwillen gelitten hat. Nun verstehen wir das Wort: „Er hat uns geliebt und sich selbst für uns dargegeben." Damit zieht Friede und Freude in unser Herz.
Ohne dies göttliche Licht ist uns alles verschleiert: unsere Sünde und unser verlorener Zustand, der Himmel und die Hölle, die Unsterblichkeit und das Gericht. Und selbst wenn wir beten, geht es uns wie weiland den Athenern, wir wenden uns an einen „unbekannten Gott". Wir sprechen bestenfalls vom „lieben Gott"; das „Abba, lieber

Vater" will nicht über unsere Lippen. Wir sind eben „der göttlichen Natur" noch nicht teilhaftig geworden.
Kommt aber diese Erleuchtung über uns, dann verstehen wir etwas davon, „berufen zu sein nach dem Vorsatz von der Welt her, wodurch wir Freudigkeit und Zugang haben in aller Zuversicht durch den Glauben an ihn".
Gott sei gelobt für das Licht aus dem oberen Heiligtum! – So kommt denn und „seht in seinem Licht das Licht"! Es ist ein überaus sanfter freudenreicher Strahl.

Die Sündhaftigkeit unserer Natur

Entsündige mich mit Isop, daß ich rein werde, wasche mich, daß ich weißer werde als Schnee. *Psalm 51, 9*

Die erste Erkenntnis, die ein Mensch gewinnen muß, ist die seines gefallenen, sündigen Zustandes. Wenn ich nicht weiß, wie sehr alle meine Kräfte erniedrigt und verderbt sind, wie durch und durch verkehrt mein Wille ist, wie weit mein Verstand die rechte Bahn verlassen hat und wie sehr die Lust der Sünde mein ganzes Wesen durchdringt, dann kann mir auch nicht der ganze Umfang meiner Schuld bekannt sein.
Sieh dies Stück Eisen; es wird auf den Amboß gelegt und mit schweren Hämmern bearbeitet. Tausend und aber tausend Funken stieben umher. Könntest du sie zählen? Und wenn es möglich wäre, so stünde sogleich die andere Frage dahinter, wie viele ungeborene Funken noch in dem Eisenblock enthalten sein mögen. Sie schlummern noch, können aber jederzeit geweckt werden.
So ist es mit unserer sündigen Natur. Die Versuchungen sind die Hämmer, die Sünden die Funken. Selbst wenn wir die fliegenden Funken zählen könnten, so ist das doch bei den noch ungeborenen Funken nicht der Fall. Lauter Sündenkeime schlummern noch in unseren Herzen. Ihre Zahl müßten wir wissen, wenn wir die ganze Sündhaftigkeit unserer Natur begreifen wollten.
Jener alte Römer, der sagte, er möchte ein Fenster in

seinem Herzen haben, damit jedermann hineinschauen könne, kannte sich selbst nicht. Hätte er ein solches Fenster bekommen, er würde sehr bald auch um die dazu gehörenden Fensterläden gebeten haben. Hätte er je in sein Herz sehen können, er wäre entsetzt gewesen. Darum erspart Gott allen Augen außer den seinigen jenen entsetzlichen Anblick, den Anblick eines enthüllten Menschenherzens.
Großer Gott, hier stehen wir still und rufen mit dem Psalmisten aus: „Entsündige mich mit Isop, daß ich rein werde, wasche mich, daß ich schneeweiß werde!"

Schmerzen des Todes

Umschlungen hatten mich des Todes Netze
und die Ängste der Unterwelt mich befallen,
in Drangsal und Kummer war ich geraten.
Psalm 116, 3

Wenn der Verfasser des Psalms von Stricken des Todes redet, so sieht er im Geist einen Menschen auf dem Sterbebett, dem der Arzt nicht mehr zu helfen vermag.
In derselben Lage befindet sich ein Sünder, der das Verdienst Christi nicht angenommen hat.
Ich habe diesen Zustand selber durchlebt und kann daher aus Erfahrung sprechen.
Einer dieser Schmerzen ist der *Rückblick auf eine nutzlos vertane Vergangenheit.* Da ist nichts zu sehen, was irgendeinen Trost verleihen könnte. Man fühlt, daß das ganze Leben ein leeres Blatt gewesen ist, und noch Schlimmeres als das, daß es eine einzige Kränkung Gottes war. Man kann keinen hellen Punkt in seinem ganzen Leben entdecken. Was man früher für Gerechtigkeit hielt, erkennt man nun als Sünde und klagt in seinem Herzen: „Wollte Gott, ich wäre nie geboren!"
Ein anderer Schmerz des Todes ist der *Kummer über die Gegenwart.* Soviel man sich auch drehen und wenden mag, auch hier ist nichts von Schönheit und Wert, von Tugend und Verdienst zu erblicken, ebensowenig wie in der Vergangenheit. Der Mensch erlebt Stunden bitterer

Selbstvorwürfe, wenn er einsehen muß, daß sein ganzes Leben vor Gott nichts taugt.
Der größte Schmerz kommt dann aber erst im *Ausblick auf die Zukunft*. Ist schon die Vergangenheit trostlos und die Gegenwart schwarz, der Blick in die Zukunft ist das Allerschwärzeste.
Soll ich noch reden von den *Gewissensbissen?* Sie quälen wie der Wurm, der niemals stirbt. Als ich diese Not fühlte, wünschte ich mir den Tod. Wenn Gott in seiner Barmherzigkeit der Seele nicht doch noch einen Schimmer von Hoffnung gelassen hätte, ehe sie zum Glauben an Jesus kam, wahrlich, ich wäre in Verzweiflung gekommen!
Ich will schweigen von Gottesworten, die gegen uns zeugen. Laßt mich lieber verkündigen, was meines Lebens Inhalt und Aufgabe ist: Trotz des blitzenden Schwertes über unserem Haupt ist noch Rettung möglich! Es ist ein Heiland da! Jesus kam, „um Sünder zu suchen und seligzumachen".
Jesus nennt sich selbst „die Tür" zur Seligkeit. Es gibt nur diese eine Tür, sonst keine. Gehst du nicht ein in diese Tür, die zum Leben führt, dann öffnet sich dir ganz gewiß die Tür, die zur Verdammnis führt. Es ist niemand auf Erden und im Himmel als dieser eine, einzige Heiland.

Not am Anfang, Not am Ende: mach aus allem ein Gebet

Umschlungen hatten mich des Todes Netze
und die Ängste der Unterwelt mich befallen,
in Drangsal und Kummer war ich geraten.
Psalm 116, 3

Meine Beobachtung hat mich gelehrt, daß diejenigen Gläubigen, die den Lebensweg mit rauhen Zeiten begannen, später einen ebenen Pfad gehen konnten, während andere, deren erste Erfahrungen sehr sonnig und friedlich waren, im späteren Leben harte Kämpfe bestehen mußten. Wer sich eines ruhigen, verhältnismäßig leichten

Lebens erfreute, wird die stürmischen Stunden wahrscheinlich am Ende seiner Fahrt haben.
Die besten Kinder Gottes werden im Dunkel zur Ruhe gebracht. Ihre Sonne geht in Wolken unter, aber ohne Zweifel geht sie im vollen Glanz des ewigen Morgens wieder auf. Viele der Heiligen droben werden das neue Lied singen als solche, die „gekommen sind aus großer Trübsal". Wer aber auf einem anderen Weg ins Paradies kommen darf, soll doppelt dankbar sein.
So sollen die Kinder Gottes nicht auf Befreiung von Leiden rechnen, wohl aber auf Gnade, die hinreicht, sie durch alles hindurch zu tragen. Sie sollen glauben lernen, daß die Briefe der Liebe Gottes oft in schwarzumränderten Umschlägen ankommen. Der Umschlag wird sie erschrecken; wenn sie aber das Siegel brechen, werden sie inwendig Köstlichkeiten für ihre Seelen finden. Große Trübsale sind dunkle Wolken, aus denen Gott reiche Gnadenströme regnen läßt. Sehr oft spannt der Herr vor die Wagen schwarze und wilde Pferde, die uns außerordentliche Gnaden bringen sollen. Flüsse der Behaglichkeit werden meist nur von kleinen Schiffen mit alltäglicher Ware befahren; aber die tiefen Meere mit ihren Stürmen und Wogen werden nur von großen Dampfern gekreuzt.
In den Stürmen des Leides sollen die Gläubigen aus Davids reicher Erfahrung lernen, daß das Gebet die beste Zuflucht ist. Wenn dich die Stricke des Todes umfangen, dann bete. Hat dich die Angst der Hölle getroffen, dann schreie zu Gott. Wenn du in Kummer und Not kommst, rufe den Herrn an. Alles andere, was Klugheit und Menschenweisheit in solcher Lage empfehlen, kann gut, kann aber auch verkehrt sein. Das Gebet jedoch ist *immer* das richtige Mittel, weil die Hilfe immer vom Herrn kommen muß, ob es sich um irdische Schwierigkeiten oder um Sündennöte handelt.
Gebrauche alle Hilfsmittel, die dir zur Verfügung stehen; aber hüte dich, den Glauben durch die Hilfsmittel ersetzen zu wollen! Wenn du alles getan hast, dann traue auf Gott, als ob du nichts getan hättest, denn „wo der Herr nicht die Stadt behütet, da wacht der Wächter umsonst."

Das Gebet ist die Universalmedizin, das Allheilmittel Gottes; es besiegt jede Krankheit. In geistlichen Kämpfen ist es von tausendfachem Nutzen. Es kann die Tür zu Gottes Schätzen auftun und die Pforten der Hölle zuschließen. Es löscht die Wut der Flammen und verschließt den Rachen des Löwen. Es wird die Allmacht bezwingen und Himmelskräfte auf die Erde herabholen.
So bete denn, mein Bruder! Bete in dem Namen des eingeborenen Sohnes Gottes, bete im Glauben, und du wirst Sieg und Leben gewinnen!

Wo ist Gott nicht?

Wohin soll ich gehn vor deinem Geist und wohin fliehen vor deinem Angesicht?
Psalm 139, 7

Wo ist Gott? Sagt mir lieber, wo Gott *nicht* ist! Nicht mit den Sinnen, aber durch die Fähigkeiten des Geistes sehe und höre ich Gott, meinen Gott. Er umgibt mich, und mein Glaube umfaßt ihn. Deshalb bin ich kein Tor; der Psalmsänger erklärt, daß der ein Tor sei, der in seinem Herzen spricht: „Es ist *kein* Gott."
Jawohl, die ganze Erde ist voll der Herrlichkeit des Herrn. Und über der Erde wird sie in jeder Wolke gesehen, und über den Wolken erscheint sie in jedem Stern.
Ach, die blinden Augen, die nicht sehen können, was klar an jedem Orte geschaut werden kann! O weh der tauben Ohren, die nicht hören, wenn Erde, Meer und Himmel von dem Tritt des Allmächtigen widerhallen!
Brüder, wenn ihr je gesehen habt, wie die Ehre Gottes die Erde erfüllt, so seid ihr vorbereitet für die Zeiten der Dunkelheit, der Sünde und der Lästerung! Dann werden eure Herzen nicht beunruhigt durch den Gedanken, Gottes Heiligtum könnte ohne euer Eingreifen zugrundegehen.

Soviel Nacht ringsum!

Auch die Finsternis würde für dich nicht finster sein, vielmehr die Nacht dir leuchten wie der Tag: Finsternis wäre für dich wie das Licht. *Psalm 139, 12*

Jemand klagt: „Ach, mein Herz ist kalt wie Eis und hart wie Granit. Ich fühle mich so erstorben und empfindungslos. Ich spüre meine Sündhaftigkeit nicht, wie es sein sollte. Wenn ich nur weinen und beten könnte wie viele andere! Wenn das noch der Fall wäre, hätte ich einen Lichtblick in meinem Jammer. Aber es ist nicht so. Mich rührt gar nichts. Die Prediger mögen predigen, wie und was sie wollen, es trifft mich nicht. Und wenn ich auch bete, so bleibt doch mein Herz stumpf. Ich kann die Leidensgeschichte Jesu lesen, ohne daß meine Seele irgendwie erschüttert wird."

Nun, mein Bruder, du hast auf Nebenerscheinungen geachtet! Hast du ganz vergessen, daß geschrieben steht: „Gott ist größer als unser Herz!"? Kind Gottes, du suchst Trost, wo keiner zu finden ist. Bei dir suchst du Frieden, in deinem Herzen Freude und Wonne? Dann wirst du wahrlich lange warten und suchen müssen. Dein Herz ist wie eine Sandwüste. Ja, es ist eine Sündenwüste!

Richte doch deine Augen jetzt, in diesem Augenblick, auf Christus! *Er* ist unser Friede. Er kann dein Herz weißer machen als Schnee. Er kann es mit himmlischer Freude erfüllen. *Du* kannst das nicht, kannst es nie. Aber er kann es in diesem Augenblick.

Man sagt, man könne die Sterne, die man am Tage von der Erdoberfläche nicht wahrzunehmen vermag, von der Tiefe eines Schachtes aus sofort erblicken. Geradeso verhält es sich mit den köstlichen Gottesverheißungen. Von den dunklen Tiefen der Trübsal aus werden sie am deutlichsten sichtbar. So gewiß Gott die Seinen je und je in den Ofen der Trübsal bringt, so gewiß ist er dann auch nahe bei ihnen.

Ich finde keine Andeutung davon in der Bibel, daß Jakob den Engel an der Furt des Jabbok eher gesehen hätte, als

er mit ihm rang. Erst der Kämpfer schaute den ernsten Boten Gottes.
Josua erging es nicht anders. Er erblickte den Fürsten über das Heer des Herrn erst, als er vor den gewaltigen Mauern Jerichos stand und sich bange fragte, wie er hier den Sieg erringen sollte.
Auch Abraham hatte seine erste Begegnung mit dem Herrn erst dann, als er ein Pilger und Fremdling geworden war und sich im Hain Mamre befand. Und Johannes wurde erst in der Verbannung auf der öden Felseninsel Patmos die Offenbarung des Herrn zuteil.
Wenn wir von aller Welt abgeschlossen sind, finden wir die rechte Tiefe. Erst in unseren tiefsten Kümmernissen machen wir unsere seligsten Erfahrungen.

Wie köstlich sind deine Verheißungen, o Herr!

Für mich nun – wie kostbar sind deine Gedanken, o Gott, wie gewaltig sind ihre Summen! *Psalm 139, 17*

Die Verheißungen Gottes sind für die Gläubigen unerschöpfliche Goldminen. Selig, wer die reichen Adern edlen Metalls aufzufinden weiß, die in diesem *Bergwerk* verborgen liegen, wer sich mit ihren unermeßlichen Schätzen bereichert!
Sie sind eine *Rüstkammer*, angefüllt mit allen Waffen, die zu Schutz und Trutz nur irgend nötig oder dienlich sind. Wer sich in diesem heiligen Zeughaus eine Rüstung suchte, sich mit Harnisch und Helm wappnete und seine Hand bewehrte mit Schwert und Speer, der überwindet alle Feinde.
Man könnte die Verheißungen auch mit einer *Apotheke* vergleichen, die es sonst nirgends wieder gibt. Hier findet der Gläubige alle kräftigen Heilmittel und stärkenden Tropfen; da fehlt's an keinem Wundbalsam und Lebenselixier, an keiner Arznei für irgendeine Krankheit. Selig, wer wohl bewandert ist in der himmlischen Apothekerkunst und die heilsamen Kräfte der Gottesverheißungen sich anzueignen versteht!

Die Verheißungen sind für den Christen ein unerschöpfliches *Vorratshaus;* sie sind die Kornhäuser Ägyptens, die Joseph erbaut hat, oder das goldene Krüglein, darin das Manna behalten ward vor dem Herrn. Wohl dem, der die fünf Gerstenbrote und zwei Fische der Verheißungen nimmt, sie bricht und ißt, bis alle seine fünftausend Bedürfnisse gestillt sind und er noch ganze Körbe voll Brocken übrigbehält!

Des Christen *Bürgerbrief* nenne ich die Verheißungen noch, die Urkunde, die ihn in alle Rechte des himmlischen Reiches einsetzt. Wer diese Urkunde zu lesen versteht und mit Zuversicht ihren Inhalt sein eigen nennt, dem kommen nie mehr Zweifel an seine himmlische Berufung.

Und schließlich sind die Verheißungen noch die *Schatzkammer* der Gotteskinder, in der ihre Kronjuwelen aufbewahrt werden. Dem Christen gehört der königliche Schmuck, den er heute noch in stiller Verborgenheit bewundernd betrachtet, den er aber einst vor aller Welt tragen wird im Paradies Gottes. Schon jetzt ist er in seine Königswürde eingesetzt; denn er trägt den silbernen Schlüssel, der die Tür zu den Reichskleinodien öffnet. Schon jetzt darf er das Zepter ergreifen, die Krone aufs Haupt setzen und seine Schultern mit dem Herrschermantel schmücken.

Wie unaussprechlich reich sind die Verheißungen unseres treuen Gottes! Besäßen wir die Sprache des gewaltigsten Redners, würde unsere Zunge berührt mit der glühenden Kohle am Altar, so vermöchten wir doch nicht den tausendsten Teil des Lobes aufzählen, das den überschwenglich großen und köstlichen Verheißungen Gottes gebührt.

Recht verstanden

Wer mit lässiger Hand arbeitet, verarmt, aber die Hand der Fleißigen schafft Reichtum.
Sprüche 10, 4

Die Verheißungen Gottes wollen richtig verstanden sein. Man kann sie auch mißbrauchen.

Es gab immer Leute, die da meinten, sie hätten ihrerseits gar nichts zu tun; wenn sie sich fest auf ein Verheißungswort gründeten, dann mache Gott alles, und sie hätten nur nötig, die Hände im Schoße zu falten.
Das ist ein Irrtum. Das Weiseste auf der Welt ist, zu arbeiten, als wenn alles von uns abhinge, und dann auf Gott zu trauen in dem Bewußtsein, daß alles Gelingen von ihm geschenkt werden muß. Sicherlich will und wird er uns nicht verlassen, aber darum dürfen wir uns nicht zur Ruhe setzen und abwarten, was er nun tun wird. Gott will nicht von uns weichen; das heißt aber nicht, daß wir uns ins Bett legen sollen und harren, bis er uns das Brot in den Mund schiebt.
Ich habe faule Leute gekannt, die sagten: „Der Herr wird's versehen!", und dann streckten sie die Füße an den warmen Ofen und drehten die Daumen umeinander. Aber Gott hat sie nur mit schmalen Bissen versorgt. Sie mußten in Lumpen einhergehen und es dauerte gar nicht lange, bis sie im Armenhaus wohnten oder gar ins Gefängnis kamen, was mir für solche Schwätzer auch die beste Versorgungsanstalt zu sein scheint. Je eher sie dahin kommen, desto besser für die menschliche Gesellschaft.
Nein, Gott schiebt der Trägheit keine Kissen unter. Wer glaubt, in dieser Welt ohne fleißige Arbeit fortzukommen, ist ein Tor. Legt eure ganze Seele in das Werk, das euch anvertraut ist, und ihr werdet erleben, daß dann Gott seinen Segen dazulegt.
Frömmigkeit ist nicht frommes Geschwätz. Die beste Religion ist die, die am Tische lächelt, an der Nähmaschine fleißig, in der Ofenecke freundlich und jederzeit liebenswürdig ist. Ich möchte eine Religion, die die Stiefel putzt und sie recht glänzend macht, die ein gesundes, schmackhaftes Essen zubereiten kann, die einen Meter Kattun abmißt und nicht einen Zentimeter zu wenig gibt. Das ist wahres Christentum, es durchdringt unsere ganze Berufsarbeit, es heißt uns, tüchtig und täglich unsere Pflicht zu tun, nicht aber, fromme Worte zu schwatzen und die Hände in den Schoß zu legen.
Selbst Mohammed hatte diese Lehre. Als einer seiner Anhänger sagte: „Ich will ruhig mein Kamel losbinden

und es laufen lassen, wohin es will, Gott wird es schützen und leiten", da antwortete der Prophet: „Nein, nicht so, sondern binde es so fest an, wie du kannst, und dann vertraue der Vorsehung, daß sie dir das Deine bewahrt."
Gott rechnet mit unserem gesunden Menschenverstand und unserer treuen Arbeit. Er will nicht, daß seine Kinder wie Toren handeln. Jeder Mensch sollte alle Vernunft, die er besitzt, gebrauchen und sollte sie auch im Dienste Gottes anwenden.
Aber es scheint mir fast, als wenn gesunder Menschenverstand bei vielen Frommen etwas so Seltenes ist wie Regen in der Wüste. Die Kinder der Welt entwickeln oft mehr Klugheit in ihrem Geschlecht als die Kinder des Lichts. Aber es sollte nicht so sein. Wer da wünscht, daß es ihm gelinge, der wende allen Fleiß daran und spanne alle Fähigkeiten an, dann wird die Verheißung sich bewahrheiten: „Ich will dich nicht verlassen noch von dir weichen."

Es ist ja nur eine Kleinigkeit!

Fangt uns die Füchse, die kleinen Füchse, die Weinbergverwüster! Unsre Reben stehen ja in Blüte! *Hohelied 2, 15*

Aber kleine Sünden vermehren sich sehr schnell! Laß sich nur einen kleinen Irrtum in deinen Geist einschleichen, nur einen winzig kleinen, unlauteren Dämon in deine Gedanken, begehe nur eine kleine sündige Handlung in deinem Leben; begünstige sie, hätschele jene kleinen Lieblinge, und du kannst nicht wissen, wie groß sie noch werden! Sie sind klein in ihrer Jugend, sie werden Riesen sein, wenn sie zu vollem Wachstum gelangt sind.
Der Elefant hat nur wenige Nachkommen und vermehrt sich langsam. Die Blattlaus dagegen hat Tausende von Nachkömmlingen, die in einer einzigen Stunde in die Erscheinung treten. Ebenso vermehren sich die kleinen Sünden mit einer reißenden Schnelligkeit, die alle Begriffe übersteigt. Eine wird die Mutter von Tausenden;

und dann soll man sie noch für harmlos halten?! Kleine Sünden richten durch ihre Massenhaftigkeit soviel Unheil an, als wenn es ganz große Sünden wären.
Ich las von einem Missionar, der das ganze Volk aufrief, als er hörte, daß die Heuschrecken das Tal heraufgezogen kämen. Man zündete große Feuer an und hoffte, dadurch den lebenden Strom abzulenken. Die Heuschrecken waren nur klein, aber es schien, als ob alle Feuer ausgelöscht würden. Sie zogen dahin über die brennenden Leichname ihrer Kameraden wie ein unaufhaltsamer, lebender Strom. Vor ihnen war alles grün gewesen wie der Garten Eden, hinter ihnen fand man alles dürr und öde wie die Wüste. Die Bäume hatten alles Laub verloren und streckten ihre kahlen Zweige zum Himmel empor, als ob der Winter ihre ganze grüne Pracht abgestreift hätte. Da gab es auch nicht einen Grashalm mehr, kein einziges Reis am Baum, das der Ziege hätte Nahrung bieten können.
Das alles hatten Heuschrecken getan. Jawohl, die Heuschrecke ist nur ein winziges Tier; tritt sie aber scharenweise auf, so kann sie mächtig, ja unbezwinglich werden. So zittere auch du vor jeder kleinen Sünde.
Vor Jahren gab es nicht eine einzige Distel in ganz Australien. Ein Schotte, welcher die Distel sehr bewunderte, meinte, es sei schade, daß eine so große Insel wie Australien ohne dieses wundervolle Sinnbild seiner Nation sein sollte. Er sammelte daher ein Paket Distelsamen und übersandte es einem seiner Freunde. Als es ankam, haben die Beamten wahrscheinlich gedacht: „Laßt es nur herein ins Land! Was ist das schon – eine Handvoll Distelsamen! Die hiesigen Schotten wollen es nur in ihren Gärten ziehen. Sie halten die Distel sicher für eine besonders schöne Blume; mögen sie ihr sonderbares Vergnügen haben!"
Ja freilich, es war nur wenig und nur kleiner Same; aber jetzt sind ganze Landstriche damit bedeckt. Die Distel ist der Farmer Last und Plage geworden.
Es war nur etwas Kleines, aber es vervielfältigte sich unheimlich – gerade wie die kleinen Sünden. Darum habe acht! Die kleinen Füchse verderben die Weinberge.

Mein Freund ist mein, und ich bin sein!

Mein Freund ist mein, und ich bin sein, der unter den Rosen weidet. *Hohelied 2, 16*

Ich bin sein! Wenn er mich verliert, so ist er ärmer geworden. Ich bin sein! Wenn ich abgeschnitten oder auch nur verwundet werde, so fühlt *er* den Schmerz. Der Leib ist verstümmelt, wenn auch nur eins der Glieder abgeschnitten wird. Das Haupt fühlt den Schmerz, wenn die Organe leiden.

Nichts ist so wahr und wirklich wie dies. Sollte Christus je die Seinen verlieren, so wäre er ein Haupt ohne Leib. Das wäre ein gespensterhafter Anblick.

Wenn ihr in Gedanken den Verlust eines Gliedes am Leibe Christi zugebt, so müßt ihr einen unvollkommenen Christus voraussetzen, dessen Fülle nicht völlig, dessen Herrlichkeit nicht herrlich und dessen Vollkommenheit nicht vollkommen ist.

Er ist mein durch seine Innewohnung. Ignatius pflegte zu sagen, er sei ein Gottesträger, und wenn jemand ihn fragte, wie er zu solchem Namen käme, dann antwortete er: „Ich trage Gott in meinem Innern mit mir herum; unsere Leiber sind ja Tempel des Heiligen Geistes."

Das ist ein Wort voll erhabenster Wahrheit. Wohnt der Heilige Geist wirklich in einem Menschen? Jawohl, dort gerade wohnt er! Nicht in Tempeln, „mit Händen gemacht", sondern inwendig in unseren Herzen. „Bleibet in mir, und ich bleibe in euch!" sprach Jesus.

Die Folge dieser Innewohnung Christi in seinen Gliedern ist, daß sie reiche, glückliche Menschen sind. Je tiefer sie sich in den Geist Christi versenken, um so herrlicher wird ihr Leben.

Die Ansicht, daß die Gottesfurcht elend mache und die Traurigkeit unabweislich tägliche Pflicht der Frommen sei, ist durchaus falsch; denn als Gott die Welt erschuf, war das Glück seiner Geschöpfe sein Ziel. Darum hat er uns nicht nur das Notwendigste gegeben, sondern die Fülle des Guten, nicht nur das Nützlichste, sondern auch das Schöne und Angenehme. Die Blumen auf der Wiese, die

Sterne am Himmel, die Schönheiten der Natur, Berg und Tal, Strom und Wald, alles hat Gott gemacht, nicht bloß, weil wir dessen bedurften, sondern weil er uns beweisen wollte, wie lieb er uns hat und wie sehr er wünscht, daß wir frohe, glückliche Menschen sein möchten.

Es ist nun aber gar nicht denkbar, daß der Gott, der eine lichte, schöne Welt erschaffen hat, uns eine traurige und düstere Erlösung zugedacht haben sollte. Wie er ein freundlicher Schöpfer ist, so will er uns auch ein freundlicher Erlöser sein, und wer einmal geschmeckt hat, wie freundlich der Herr ist, der kann auch aus innerstem Herzensgrund bezeugen, daß die Heilsabsichten Gottes „liebliche Wege sind, und alle ihre Steige sind Friede".

Und wenn selbst mit diesem Leben alles ein Ende hätte, wenn der leibliche Tod das Grab auch unseres geistlichen Lebens wäre und unser Grabhügel die letzte Ruhestätte für immer, dann wäre es dennoch etwas Herrliches und Seliges, ein Christ gewesen zu sein; denn schon hienieden wird das Herz froh und stark in der Gemeinschaft mit Gott.

Nun aber winkt über Tod und Grab hinaus eine ewige und über alle Maßen wichtige Herrlichkeit. Nun werden wir einmal Vollendung schauen. O, welch ein seliger Stand, ein Gotteskind zu sein!

Heiliges Schweigen

Höret mich schweigend an, ihr Meeresländer,
und die Völker mögen neue Kraft gewinnen!
Jesaja 41, 1

Im Schweigen laßt uns unsere Kraft erneuern! Das Geräusch verzehrt uns, das Schweigen nährt uns.

Des Meisters Aufträge zu erfüllen ist immer gut, aber zu des Meisters Füßen zu sitzen, ist ebenso notwendig; denn gleichwie bei den Engeln, den starken Helden, entspringt unsere Kraft, seine Befehle auszurichten, aus dem Hören auf die Stimme seines Wortes.

Von uns muß es oft heißen: Wörter, Wörter, Wörter!

Wir haben so viele Wörter und sind so leer wie Spreu. Bei Gott aber ist „das Wort“, das im Anfang Gott war, das Leben in sich birgt. Wir brauchen weniger Menschenwörter, dafür aber mehr von ihm, der das Wort Gottes selber ist.
Seid still, seid still! Laßt Jesus sprechen, seine Wunden, seinen Tod! Laßt seine Auferstehung und seine Himmelfahrt, seinen Thron und seine Herrlichkeit Sprache für euch gewinnen! Laßt die Posaune seiner Wiederkunft in eure Ohren tönen!
Viele können die Musik dieser herrlichen Tatsachen nicht vernehmen vor dem Geräusch der Sorgen und des eitlen Zankes streitsüchtiger Eigenweisheit. Seid still, auf daß ihr Jesu Stimme hört! Denn wenn er spricht, wird sich eure Kraft erneuern. Wie oft habe ich gefühlt, daß mein erstarrtes Gemüt neue Impulse empfing von dem warmen Hauch seines Geistes!
Im Schweigen werden uns Gottes Verheißungen groß. Ich kann gar nicht alle die Hunderte und Tausende von Verheißungen aufzählen, die in Christus Ja und Amen sind.
Ich bin nie so voll, als wenn ich leer bin; ich bin nie so stark gewesen wie in der äußersten Schwachheit. Die Quelle unserer heillosesten Schwäche ist unsere angeborene eingebildete Kraft, und der Ursprung unserer größten Torheit ist unsere angemaßte Weisheit.
Herr, zeige uns die Ohnmacht unserer eingebildeten Stärke und die Torheit der eigenen Klugheit! Laß uns doch mehr denn je erfüllt sein vom Vertrauen auf den Arm, der niemals kraftlos ist, auf die Hand, die keinen sinken läßt, auf das Auge, das nicht schläft noch schlummert, und auf das Herz, das nimmer wankt!

Verlorengehen? - Unmöglich!

So oft du durchs Wasser gehst: – ich bin bei dir, und durch Ströme: – sie sollen dich nicht überfluten! so oft du durchs Feuer gehst: – du sollst nicht versengt werden, und die Flamme soll dir nichts antun!

Jesaja 43, 2

Wie kann ein Gläubiger verlorengehen, wenn die Heilige Schrift wahr ist, die sagt, daß jeder Gläubige ein Glied am Leibe Christi ist? Sobald ihr mir versichert, daß mein Kopf über dem Wasser bleiben wird, überlasse ich euch ruhig meinen Fuß oder meine Hand, ob ihr sie zu ersäufen vermögt. Versucht es nur, es gelingt euch nicht! Es ist rein unmöglich. Solange der Kopf über dem Wasser bleibt, kann der Leib oder ein Teil von ihm nicht ertrinken.

Nun aber ist jeder Christ ein Glied an Christus, dem Haupt. Christus, das Haupt des Leibes, ist im Himmel, und ehe ihr nicht das Haupt ersäufen könnt, vermögt ihr auch nicht, eins der Glieder solchem Tode zu überliefern. Und wenn das Haupt im Himmel ist, über alles Leid erhaben, dann ist auch jedes Glied sicher, daß es an das Ziel kommt.

Oder kannst du glauben, daß Christus eins seiner Glieder verlorengehen läßt? Soll Christus mit einem verstümmelten Leib im Himmel wohnen? Undenkbar! Wenn Christus sich mit uns vereinigt hat, so läßt er uns nicht von sich abreißen, selbst, wenn wir nur schwache Glieder seines Leibes sind.

Wird ein Mensch, solange er gesund ist und sich noch zu helfen vermag, sich einen Arm, ein Bein oder sonst ein Glied vom Leibe trennen lassen? Ganz gewiß nicht! So ist es auch mit Christus. Er ist allmächtig, und solange er das ist, kann niemand eins seiner Glieder von ihm reißen. Es ist ja „Fleisch von seinem Fleisch und Bein von seinem Bein".

Wenn es möglich wäre, daß die Ströme des Leides und der Not doch ein Glied am Leibe Jesu Christi ersäufen könnten, wo bliebe da Gottes Wahrhaftigkeit, der doch sagt: „Die Ströme sollen dich nicht ersäufen“? Sollte irgendeine Flamme die Seile verzehren können, mit denen wir an Christus gebunden sind, dann hätte Gott seine Verheißung gebrochen: „Die Flamme soll dich nicht versengen.“

Hat nicht auch Jesus gesagt: „Ich gebe meinen Schafen das ewige Leben, und sie werden nimmermehr umkommen, und niemand wird sie aus meiner Hand reißen“? Wie könnte Gott doch Gott sein, wenn er sich eins von denen entreißen ließe, die zu ihm gehören!

Aber hört weiter! Wenn ein Gläubiger abfallen und verlorengehen könnte, so bräche Gott gar seinen Eid. Er hat geschworen bei sich selbst, weil er bei keinem Größeren schwören kann, „daß wir durch zwei Stücke, die nicht wanken (denn es ist unmöglich, daß Gott lügt) einen starken Trost hätten, die wir Zuflucht haben und halten an der angebotenen Hoffnung“.

Nein, ein eidbrüchiger Gott, der der Verheißung ins Gesicht schlägt, ist etwas Unmögliches! Und darum ist auch ein verlorengegangenes Kind Gottes eine Unmöglichkeit.

Des Kindes Schrei

Wird wohl ein Weib ihres Kindleins vergessen, so daß sie sich nicht erbarmt über das Kind ihres Mutterleibes? Und sollten selbst Mütter seiner vergessen, so will ich doch deiner nicht vergessen. *Jesaja 49, 15*

Es kommt sehr selten vor, daß Gott einen Sünder, der um Gnade schreit, lange warten läßt. Bisweilen ereignet es sich aber doch. Dann geht es wie bei dem kanaanäischen Weib: „Er antwortete ihr nicht auf ein Wort.“ Das ist eine schwere Erprobung.

Gott tut das, um den Glauben zu prüfen. Läßt er Menschen wohl auch warten, so läßt er sie doch schließlich niemals ohne Erhörung von dannen gehen. Früher oder später läßt er jedem ganz gewiß seine Gnade zuteil werden. „Ob auch die Verheißung verzieht, so harre ihrer“,

sie wird doch kommen, und deine Seele wird das Heil finden.
Kind Gottes, ist dein Vater noch nicht zu dir gekommen, so schreie zu ihm! Er wird kommen. Nichts bringt den Vater so schnell in Bewegung wie das Schreien des Kindes vor allem dann, wenn es sich um ein *kleines* Kind handelt. Darum schreie! Schreie auch dann, ja gerade dann, wenn du nur ein Kindlein in Christus bist, nur einen kleinen Glauben hast.
Du sagst: „Ach, ich bin selbst zum Schreien zu schwach!" Hast du noch nie bemerkt, daß das Wimmern ganz kleiner oder kranker Kinder oft so leise ist, daß ein Fremder es gar nicht vernimmt? Aber die Mutter hört es. Mit einem Male steht sie auf: ihr Kind wimmert. Sofort eilt sie zu ihm. *Sie* kann es hören, wenn du es auch nicht hörst; denn es ist *ihr* Kind, das da schreit.
Schreie nur, du Kindlein in Christus, auch wenn es nur ein ersticktes Seufzen ist! Dein Prediger hört es vielleicht nicht, dein Unglaube mag dir sagen, daß überhaupt niemand es vernehmen kann; dennoch ist ein Gott im Himmel, der das Schreien einer bedrängten Seele hört, der „heilt, die zerbrochenen Herzens sind, und verbindet ihre Schmerzen".
Als ich vor kurzem über das Wort predigte: „Meine Gnade reicht aus für dich", mußte ich in meinem Herzen einmal über das andere frohlocken. Ich hatte eine schwere Woche hinter mir und ruhte nun aus auf der Verheißung: „Meine Gnade reicht für dich." Das ist ohne Zweifel richtig und wahr. Gottes Gnade ist unendlich groß. Ich kam mir vor wie ein Mäuslein, das inmitten unermeßlicher Vorräte steckt. Aber ich war innerlich so leer, daß es mir fast wie jenem Fischlein erging, das da sagte: „Ich bin so durstig, ich werde eines Tages noch das ganze Meer austrinken." Aber dann war es mir wieder, als hörte ich die großen Wasser antworten: „Fischlein, trinke nur, uns schöpfest du nicht aus!"
Ich mußte fast lachen. Der Gedanke ist ja wirklich unbeschreiblich lächerlich: ein Fischlein fürchtet, das Meer auszutrinken. Und ebenso töricht ist es, wenn Gläubige meinen, die Fülle Gottes reiche nicht für sie aus.

Brüder, wir haben in den Verheißungen der Bibel einen unendlichen Reichtum! Wir wollen ihm nahen mit der Mahnung des Dichters:

„Bitte fein viel,
setze dem Loben kein Ziel.
So wirst du nehmen und haben!"

Ewig soll er mir vor Augen stehen!

Wir gingen alle in der Irre wie Schafe, ein jeder wandte sich seinem eigenen Wege zu; der Herr aber hat unser aller Schuld auf ihn fallen lassen. Jesaja 53, 6

Das Opfer war von altersher eine göttliche Verordnung. Jesus Christus kam nicht „zufällig" in die Welt. Er wurde von seinem Vater gesandt. Dies ist die Grundfeste der Hoffnung des Christen.

Wenn ich daher das Blut Jesu Christi rühme, so verkündige ich etwas, was Gott wohlgefällig ist. Gott sonderte ihn aus, ehe der Welt Grund gelegt war; er legte alle unsere Schuld auf ihn. Das Opfer Christi ereignete sich nicht insgeheim und in irgendeinem Winkel. Im großen, ewigen Ratschluß Gottes stand geschrieben, daß er das Lamm sein sollte, das erwürgt ist. Darum sprach er nachher: „Siehe, ich komme; im Buche steht von mir geschrieben! Deinen Willen, o Gott, tue ich gern!"

Christus war das unbefleckte Lamm Gottes. Wäre auch nur eine Sünde an ihm gewesen, er hätte nicht unser Heiland sein können. Aber der Apostel Petrus bezeugt es, daß er unschuldig und unbefleckt gewesen sei, ohne eigene Sünde, ohne irgendeine Übertretung, obwohl er „versucht ist allenthalben gleichwie wir". Hier liegt ja der Grund, weshalb das Opfer dieses einen die Kraft besaß, „wegzunehmen vieler Sünden". Es besitzt die Kraft, auch deine Sünde wegzunehmen. „Der Gerechte starb für die Ungerechten, auf daß er uns zu Gott brächte."

Kann dann wohl ein Mensch dieses Blut in seinem Werte überschätzen? Unmöglich!

Darum kommt denn, all ihr Heiligen und Sünder, daß wir

uns unter das Kreuz stellen! Seht dort das Opfer für unsere Sünde, überwältigt von Schwäche und Ohnmacht, von Seufzen, Bluten und Sterben! Er ist „für uns zur Sünde gemacht".

Laßt uns den Finger legen auf das „einmal", das sich im neunten Kapitel des Hebräerbriefes dreimal findet! Das Passahlamm des Alten Bundes wurde alljährlich geschlachtet. Es ist also sehr oft dargebracht worden. Christus aber ist erschienen, die Sünde wegzunehmen durch das Opfer seines eigenen Blutes, um *ein für allemal* die Sünde wegzutun. Daher der Ruf des sterbenden Erlösers: „Es ist vollbracht!" Nun bedarf es nicht mehr irgendeines anderen Opfers, denn „mit einem Opfer hat er in Ewigkeit vollendet, die geheiligt werden".

Tritt zum Kreuz! Es ist wahr, deine Schuld ist groß. Aber alles ist gesühnt durch den Tod Jesu Christi. Nun ist der Weg zu Gott frei. Es ist vollbracht! Hinzuzutun ist nichts mehr. Jesus ist ein ganzer Heiland voller Gnade und Barmherzigkeit für jeden Sünder.

Dein Erbarmer

„Denn mögen auch die Berge weichen und die Hügel wanken, so soll doch meine Gnade nicht von dir weichen und mein Friedensbund nicht wanken", spricht der Herr, dein Erbarmer. *Jesaja 54, 10*

Armes Volk in Ninive! Es kannte die gnadenvolle Einladung nicht, die unsere Seele so froh macht, die Botschaft: „Kommt her zu mir, die ihr mühselig und beladen seid!" Es hatte noch nie ein Wort vom Herrn Jesus gehört. Daß er der verheißene Erlöser ist, daß sein Blut rein macht von aller Sünde und daß dies Heil aller Welt angeboten werden soll, alles das war ihm unbekannt und fremd. Es wußte nur, daß Gott sehr mächtig ist und sehr gerecht, unbeugsam in der Ausführung angedrohter Gerichte. Einen Weg, dem drohenden Verderben zu entrinnen, sah daher niemand.

Aber dem König von Ninive leuchtete noch ein schwacher

Hoffnungsschimmer auf. Es mag sein, daß er in einer Ratssitzung sagte: „Gewiß, wir können nicht bestreiten, daß es schlimm um uns steht; wenn wir aber Buße tun und um Barmherzigkeit schreien, so kann das sicherlich nicht zum Nachteil gereichen. Wenn es nicht hilft, schaden kann es auf keinen Fall."

Ist es nicht herzbeweglich, liebe Freunde, wenn man diesen Gedanken verfolgt, besonders wenn man sich vergegenwärtigt, was wir alles wissen und haben können? Da ist ein volles Heil. Da jubelt ein Heer Geretteter, die laut verkündigen, daß der Herr so freundlich ist. Er will nicht den Tod des Sünders, sondern daß er sich bekehre und lebe. Und dann dies unsicher fragende: „Wer weiß?"!

Ohne Geld und umsonst

Ach ihr Durstigen alle, kommt her zum Wasser, und ihr alle, die ihr kein Geld habt, kommt herbei, kauft (Brot) und eßt! Ja kommt, kauft ohne Zahlung und unentgeltlich Wein und Milch! *Jesaja 55, 1*

„Ein kaum glaubliches Angebot! Das muß wohl anders gemeint sein, als es da steht", so denken manche Leute. Ihr könnt ihnen diese Verheißung tausendmal vorsagen, sie glauben doch nicht daran. Die ewige Seligkeit soll unentgeltlich sein, ein reines Geschenk der himmlischen Barmherzigkeit?!

In unserer Gemeinde befinden sich eine Menge Leute, denen das Evangelium jahrelang verkündigt wurde und die es doch nicht glauben konnten, bis der Heilige Geist sie erleuchtete, so daß sie endlich verstanden, was mit dem „einfachen Glauben an Jesus" gemeint ist. Sie konnten es nicht fassen, daß sie auf dem Platze, den sie gerade einnahmen, zu der Zeit, in der sie gerade lebten, das Heil ergreifen und selig werden könnten.

Es ist nichts Ungewöhnliches, daß man Kinder gottesfürchtiger Eltern antrifft, die das Evangelium von frühester Jugend an gehört haben und doch den Weg des Heils nicht wissen. Die einfache Wahrheit, daß die Seligkeit

eine freie Gabe Gottes ist, und daß man sie nur als solche empfangen kann, schlägt bei ihnen nicht Wurzel.
Wie ist es möglich, daß Menschen den barmherzigen Gott, der freiwillig vergibt, falsch einschätzen? Sie messen ihn mit ihrer eigenen Elle, daran liegt es. Weil sie selbst Beleidigungen nur sehr schwer verzeihen, denken sie, Gott sei ebenso langsam im Vergeben.
Daß Gottes Herz in erbarmender Liebe für Verlorene schlägt, stößt bei ihnen auf absolute Verständnislosigkeit. Und doch hat er gesagt: „So wahr, als ich lebe, spricht der Herr, ich habe keinen Gefallen am Tode des Gottlosen, sondern daß er sich bekehre von seinem Wesen und lebe!" Gott wartet darauf, gnädig zu sein, und ist über die Maßen willig, den zu lieben, der sich zu ihm wendet.
Dem Menschen in seinem natürlichen, gefallenen Zustand ist es fast unmöglich, zu begreifen, daß man etwas „ohne Geld und umsonst" erhalten könne. Ihm liegt das ernste Wort im Sinn: „Im Schweiße deines Angesichts sollst du dein Brot essen." Wenn der Mensch Brot essen will, dann verlangt die Erde, daß er sie bebaut oder eine andere Arbeit verrichtet. Alle Güter unserer Kultur werden nur um teures Geld verkauft. Was gibt es denn heute umsonst?! Auf jedem Markte und in allen Kaufhäusern muß man den Geldbeutel ziehen und bezahlen können, oder man läßt uns mit leeren Händen gehen.
Das Wissen um dieses Muß legt sich nun wie ein schwarzer Schatten auch auf die Angebote des großen Gottes. Es dauert lange, bis Leute glauben können, daß sie ohne Leistung und ohne fromme Werke das Wohlgefallen Gottes zu erlangen vermögen. Sie lesen die Worte „ohne Geld und umsonst" und meinen, daß da noch etwas zwischen den Zeilen stehe, was stillschweigend hinzugedacht werden müsse. Irgend etwas muß doch geleistet werden.
Kann man in dieser Welt etwas von Wert umsonst bekommen? Nein! Für „nichts" gibt es nichts; das ist allgemeine Ordnung. Niemand denkt im Geschäftsleben daran, eine Ware umsonst abzugeben. Wenn man ihn dazu veranlassen wollte, dann stände ihm sofort der Bankerott vor Augen. Überall heißt es: Bezahlen! Könnt ihr euch ohne Geld kleiden und im Winter wärmen, ein

Obdach für eure Familie finden und ein Bett bekommen, auf dem ihr eure müden Glieder ausstreckt?
Die Aufforderung „ohne Geld und umsonst“ zu kaufen, ist also etwas ganz Neues. Der Mensch staunt darüber und kann es nicht für wahr halten. Wer aber in Einfalt zugreift, der erfreut sich bald an dem überfließenden Reichtum Gottes und seiner Gnade.

Was leicht ist, mache du nicht schwer!

Und er (der Herr), wird gebieten: „Schafft Bahn, schafft Bahn, bereitet einen Weg! räumt meinem Volke jeden Anstoß aus dem Wege!“ *Jesaja 57, 14*

Ihr erinnert euch von eurer Schulzeit her vielleicht noch, daß Gott den Kindern Israel nach ihrem Einzug in Kanaan befahl, Freistädte auszusondern. Ein Totschläger, der eine Seele unversehens erschlagen hatte, konnte dahin fliehen, um Rettung vor dem Bluträcher zu finden. Wer das Tor einer dieser Städte erreichen konnte, ehe der Bluträcher ihn einholte, der war in Sicherheit.
Nun wissen wir, daß die Ältesten solcher Freistädte jährlich die Straßen zu untersuchen pflegten, die zu ihrer Stadt führten. Sorgsam räumten sie alle Steine aus dem Wege und achteten mit großer Gewissenhaftigkeit darauf, daß kein Hindernis auf dem Wege liegen blieb, durch das etwa ein armer Flüchtling in seinem Laufe irgendwie gehindert werden konnte.
Ebenso hören wir, daß überall an den Straßen Wegweiser errichtet waren, die den Weg zur nächsten Freistadt wiesen. Der Flüchtling konnte also, wenn er an einen Kreuzweg kam, keinen Augenblick im Zweifel sein, wohin er sich wenden mußte. Der Pfeil am Wegweiser wies ihm die Richtung. Des Läufers einzige Aufgabe war, mit letzter Kraft vorwärts zu stürmen.
Seht, so hat Gott den Menschen auch heute eine Freistadt errichtet. Der Weg dahin ist der Glaube an Jesus Christus, unseren Heiland. An uns liegt es nun, diesen Weg richtig zu untersuchen und von allen Anstößen freizu-

halten, damit der Sünder auch in der tiefsten Seelenangst den Weg nicht verfehlen kann.
Dem Satan liegt daran, einem heilsverlangenden Menschen Hindernisse über Hindernisse vor die Füße zu werfen, so daß er in Verwirrung gerät und schließlich doch noch verloren geht. Wir aber sollen und wollen jedem unglücklichen Menschen helfen, auf dem kürzesten und besten Wege in die offenen Arme Jesu zu eilen. Es muß unser eifrigstes Bestreben sein, jeden Graben mit der Menge der Verheißungen auszufüllen, die uns die Heilige Schrift in die Hand gibt. Wir müssen wissen, daß der Sünder sich selbst noch viele Hindernisse schafft, auch dann, wenn wir uns alle Mühe geben, ihm den Weg klarzumachen. Das ist eine große Torheit; aber wir erleben täglich, daß es eine Tatsache ist.
Der Weg zum vollen Genuß des Heils ist uns in der Heiligen Schrift klar gezeigt, nämlich der Glaube an Jesus Christus, den Heiland. Mit „Rechttun und Niemandscheuen" ist nichts erreicht. Alles, was ein Mensch „tun" kann, vermag ihn nicht zu erretten. Ergreift er aber die dargebotene Hand Jesu, so ist es sein hohes Vorrecht, auf den Wegen Gottes zu wandeln und seine Gebote zu halten; denn nun hat er die Kraft dazu. Beruht das Tun aber nicht auf dem Glauben, dann führt es nur tiefer in Dunkelheiten, Zweifel und schließlich Verzweiflung. Der einzige Weg zur Rettung heißt: „Glaube an den Herrn Jesus Christus!" Dieser Glaube, der dem Sünder wie ein Sprung ins Dunkel vorkommt, trägt uns geradeswegs in die Arme des rettenden Erlösers.
Durch den Glauben bringe ich mein leeres Gefäß herbei und stelle es unter den Strahl des Wassers, das aus der Quelle hervorkommt und in das ewige Leben fließt. Das Gefäß bin ich selbst; und es kommt nun gar nicht auf die Schönheit dieses Gefäßes an, nicht einmal auf die Reinheit, sondern zunächst nur darauf, daß ich stillhalte und mich füllen lasse. Nicht die Würdigkeit des Empfangenden, sondern die Gnade des Herrn rettet die Seele. Und wenn auch die Hand, die das Gefäß hält, zittert, so wird doch die Seele errettet, sobald sie vom Lebensstrom trinkt.

Glauben heißt, Christus mit Gemüt und Verstand in sich aufnehmen, ihm den ganzen Willen untertänig machen, ihn erwählen, daß er uns alles in allem sei, und uns darein ergeben, selbst hinfort gar nichts mehr zu sein. Glauben heißt, das Geschöpf aufgeben und zum Schöpfer kommen. Es heißt, von sich ab und auf Christus zu sehen. Man wendet das Auge gänzlich hinweg von allem, was etwa Gutes in einem sein könnte, und sucht alles Heil bei jenen offenen Wunden, bei dem dornengekrönten Haupt dessen, „welchen Gott hat vorgestellt zu einem Gnadenstuhl", „zur Versöhnung für unsere Sünden; nicht allein aber für die unseren, sondern auch für die der ganzen Welt".

Ist denn kein Arzt da?

Gibt es denn keinen Balsam mehr in Gilead, und ist kein Arzt mehr dort? Ach, warum ist der Tochter meines Volkes noch keine Heilung zuteil geworden! *Jeremia 8, 22*

Auf diese schmerzliche Klage des Propheten gibt der Bericht über die eherne Schlange, die von Moses in der Wüste aufgerichtet wurde, deutlich Antwort. Er bezeugt uns ein allgemeines Heil. *Wer* gebissen war und auf die eherne Schlange schaute, fand Heilung. Der Grad der Vergiftung war gleichgültig; das Wörtlein „wer" zeigte das Heilmittel für alle an. Ob einer gerade gebissen war, so daß das Gift seine Wirkung erst begonnen hatte, oder ob ein anderer erst nach langem Warten kam, beide wurden auf der Stelle geheilt. Es bedurfte nur eines Blickes. Der Wirkung dieses Mittels, das Gott gegeben hatte, waren keine Schranken gesetzt.

Liebe Freunde, wer wollte da nicht kommen, nicht hinblicken, nicht eilig nehmen?!

Beachtet, daß dieses Heilmittel göttlichen Ursprungs war! Die Menschen haben mancherlei Arzneien und Operationen gegen den Schlangenbiß angewandt. Inwieweit man sich auf sie verlassen kann, möge dahingestellt bleiben. Ich möchte nicht gebissen werden, um nachher eins *dieser* Heilmittel an mir probieren zu können. Das Heilmittel, das wir in der gekreuzigten Liebe haben, ist unfehlbar. Es ist die „Erfindung Gottes".

Ehrlich gesagt, ein Blick auf eine Schlange aus Erz ist nicht vielversprechend. Eine tote Schlange gegen gefährliche, lebende Schlangen – wie mag solches zugehen? Für Zweifler tat sich hier ein großes Gebiet auf, die Einfalt aber und der Glaube feierten den Sieg. Lieber Freund, sei einfältig! Vertraue Gott! „Armes Herz, sieh Jesum an! Sieh und leb!"

Dieses alttestamentliche Erlebnis nimmt der Herr Jesus später auf und bezieht es auf sich selbst. Er sagt im Gespräch mit Nikodemus: „Wie Moses in der Wüste eine Schlange erhöht hat, also muß des Menschen Sohn erhöht werden, auf daß alle, die an ihn glauben, nicht verloren werden, sondern das ewige Leben haben."

Da sehen wir im Hintergrund ganz deutlich das Kreuz stehen und am Kreuze das unschuldige Lamm Gottes, welches der Welt Sünde trägt, also auch deine und meine.

Wie weit kennst du den Herrn?

Und ich will ihnen ein Herz verleihen, mich zu erkennen, daß ich der Herr bin; und sie sollen mein Volk sein, und ich will ihr Gott sein, denn sie werden sich mit ihrem ganzen Herzen zu mir bekehren. *Jeremia 24, 7*

Es ist ein sehr großer Unterschied, ob man einen Menschen nur seinem Namen und seinem Äußeren nach kennt, oder ob man um seinen Charakter, seine Lebensanschauung, sein innerstes Wesen weiß. Es gibt Hunderte von Leuten, über die wir allerlei wissen. Wir wissen, wie sie sich kleiden, wie sie reden, was sie gern essen, welche Beschäftigung sie haben und dergleichen mehr; aber nun behaupten zu wollen, daß wir sie kennen, wäre doch zuviel gesagt. Das entspräche in keiner Weise den Tatsachen. Um sie zu kennen, müssen wir in nähere Verbindung mit ihnen getreten sein, tieferen Gedankenaustausch mit ihnen gehabt haben. Sie müssen uns Einblick in ihr

Seelenleben geschenkt haben; dann können wir vielleicht sagen, daß wir sie „kennen".

Hier aber und heute sprechen wir von einer viel ernsteren Angelegenheit, vom Kennen Gottes. Wenn wir sagen wollen, daß wir Gott kennen, dann ist es nicht genug, zu wissen, daß er unser Schöpfer ist, ein vollkommenes Wesen, weit über unser Verstehen herrlich. Nein, dann müssen wir ihn im Innersten gespürt haben; es muß Friede geschlossen sein zwischen ihm und uns; wir müssen mit ihm gesprochen, unser Herz zu ihm erhoben und Antwort von ihm erhalten haben.

Wenn ihr ihn kennt, dann hat er sich euch selbst geoffenbart, so wie er sich der Welt nicht offenbart. Er hat sich euch kundgegeben durch die geheimnisvollen Einflüsse seines Geistes; dadurch erst „kennt" ihr ihn.

Ich kann diese Kenntnis nicht näher erklären; aber es ist hohe Freude, zu denken, daß viele von euch aus Erfahrung wissen, was sie ist.

Solches Kennen macht uns so reich. Es ist wundervoll, durch die Welt zu gehen und zu wissen, daß er auf allen Wegen mit uns geht. Wir sind dem Vater immer nahe. Ist es nicht ein Segen, wenn man in Not ist, zu erleben, daß er einem hilft; vor einer Wegscheide zu stehen und seine Stimme zu vernehmen, die einem zuflüstert: „Dies ist der Weg, den gehe!" Und wie beglückt es uns, in Niedergeschlagenheit zu fühlen, wie seine Tröstungen unsere Seele aufrichten, zu empfinden, daß seine Gegenwart uns ruhiger und nüchterner macht, uns davor bewahrt, übermäßige Freude an geschaffenen Dingen zu haben!

Unaussprechlich ehrenvoll ist es, mit Gott zu wandeln wie Henoch; mit ihm zu reden, als ob ein Mann mit seinem Freunde redet, so wie Abraham es durfte; in seiner Hand sicher geborgen zu sein wie Moses auf dem Horeb.

Dies ist gemeint, wenn die Schrift davon redet, daß wir Gott „kennen".

Und nun lautet meine Frage: „Kennst du Gott, indem du zu Jesus als zu deinem Heiland gekommen bist? Hast du die Herrlichkeit Gottes im Angesicht Jesu Christi geschaut? Hast du den Vater im Sohne erkannt?"

Wer Christus gesehen hat, der hat den Vater gesehen. „Niemand kennt den Vater als nur der Sohn und wem es der Sohn will offenbaren." Wer aber in diesem Sinne Christus kennt, der gehört zur bevorzugten Gemeinschaft derer, die Gott wahrhaftig kennen.

Ist auch irgendein Schmerz wie mein Schmerz?

Rührt es euch nicht, ihr alle, die ihr des Weges vorüberzieht? Blicket her und seht, ob einen Schmerz es gibt wie den Schmerz, der mich getroffen, mich, die der Herr heimgesucht hat am Tage seines lodernden Zorns! *Klagelieder 1, 12*

Es ist klar, daß es sich hier nicht um körperlichen Schmerz handeln konnte. Jesus war ja kein verzärtelter Weichling. Er war ein Mann, ein ganzer Mann, der durch körperlichen Schmerz nicht aus dem Gleichgewicht gebracht werden konnte.

Ebensowenig hören wir hier die Klage über seine großen Verluste, die er erleiden mußte, als Judas von ihm ging, die Schar der Jünger ihn verließ und floh. Sie waren ja alle betäubt von den Schlägen der unerwarteten Ereignisse.

Es konnte auch nicht der Gedanke an den Hohn der Masse sein, der freilich nicht zu überbieten war, denn der Heiland entschuldigte jene Menschen, indem er sagte: „Sie wissen nicht, was sie tun."

Das alles wurde überboten durch die Gewißheit, daß seines *Vaters Hand* ihn schlug, daß sein Vater, der Heilige und Gerechte, ihm den Kelch darreichte. Das war furchtbarer als alle Schmach, als alle satanische Versuchung, die Menschen und Teufel ersinnen und zur Ausführung bringen konnten.

Nein, der Schrecken aller Schrecken, der Schmerz aller Schmerzen war, daß „der Herr ihn also zerschlagen wollte". „Der Herr warf unser aller Sünde auf ihn!" – *Der* Herr, an dem Jesus mit jeder Faser seines Wesens hing! Es war ja sein Vater, der ihm zürnte!

Freunde, ich fürchte niemals, zu übertreiben, wenn ich von dem spreche, was mein Herr erduldete. Die ganze Hölle war enthalten in dem Kelch, den unser Heiland leeren mußte.
Das Weh, das über den Geist unseres Herrn hereinbrach, die unerschöpfliche Tiefe der Finsternis, die über seine Seele daherrauschte, als er starb, ist so unbegreiflich, daß ich mich nicht weiter bemühen darf, sie zu schildern, damit ich nicht beschuldigt werde, unternommen zu haben, zu sagen, was doch keines Menschen Zunge auszudrücken vermag. Es war noch nie ein Schmerz wie sein Schmerz.
„Wir aber" – du und ich – „hielten ihn für den, der geplagt und von Gott geschlagen und gemartert wäre."
Heute sehen wir das alles klarer und bekennen in tiefer Beugung und Dankbarkeit: „Nun, was du, Herr, erduldet, ist alles meine Last."

Wer weiß?

Wer weiß? Es möchte Gott wiederum gereuen und er sich wenden von seinem grimmigen Zorn, daß wir nicht verderben.
Jona 3, 9

So lautete die letzte Hoffnung der Leute von Ninive. Sie sagten: „Wer weiß, Gott möchte sich kehren und ihn gereuen und sich wenden von seinem grimmigen Zorn, daß wir nicht verderben."
Das Buch Jona ist außerordentlich tröstlich für Leute, die wegen der Bosheit ihrer Zeit verzagen möchten und meinen, das Verderben sei nicht aufzuhalten.
Die Stadt Ninive war ebenso groß in ihrer Gottlosigkeit wie in ihrer Macht. Wie ist es denkbar, daß diese Leute zur Buße bewogen werden können? Und doch geschieht das Wunder. Sie verlachen den Propheten nicht, der ihnen Gottes Gericht verkündet; sie verzweifeln aber auch nicht, sondern klammern sich an die Hoffnung, daß Gott ein Einsehen haben wird, und sagen: „Laßt uns ein Fasten ausrufen, und laßt Menschen und Tiere heftig zu Gott schreien, *wer weiß*, Gott möchte sich wenden von seinem grimmigen Zorn, daß wir nicht verderben!"

Ich wünschte von Herzensgrund, daß ihr alle, die ihr eine bessere Gottesbotschaft hört als jene von Ninive, ihnen nacheifern möchtet in ihrem kühnen Vertrauen.
Ihr werdet bemerkt haben, daß in der Botschaft des Propheten Jona kein Wort von Gnade enthalten war, nur ein kurzer Richterspruch. Sie war wie die Arme-Sünder-Glocke, die nur bei der Hinrichtung von Verbrechern geläutet wird. Auch nicht ein einziger Ton von Barmherzigkeit klang aus dieser Predigt.
Auch aus den Augen des Gottesboten leuchtet kein Mitleid. Er kannte keine Gnade. Er war mit einer niederschmetternden Kunde gesandt, und er entledigte sich ihrer in der denkbar größten Schroffheit: „Es sind noch vierzig Tage, so wird Ninive untergehen."
Nun ist mir, als sähe ich den König von Ninive in inhaltschwerer Beratung mit seinen Staatsmännern und höre von ihnen sagen: „Wir haben wenig Hoffnung auf Barmherzigkeit, Jona hat uns nicht einen Schimmer davon gelassen. Er redete furchtbar. Nicht einmal eine Träne glänzte in seinem Auge. Ich bin überzeugt, daß sein Gott sehr gerecht, aber auch sehr hart ist. Er wird uns nicht schonen. Wir alle werden umkommen."
Doch der König gab noch nicht alles verloren: „Wer weiß?" „Du denkst, daß keine Aussicht auf Rettung ist, aber du kannst es nicht beweisen. Laß uns die Hoffnung nicht aufgeben, denn – wer weiß?" Er hatte eigentlich keinen Grund für sein Hoffen, er klammerte sich an einen Strohhalm. Aber siehe da – er ist nicht zuschanden geworden!
Meine lieben Freunde, zu euch spricht kein Jona. Meine Rede an euch soll eher die des Propheten Jesaja sein: „So kommt denn und laßt uns miteinander rechten, spricht der Herr. Wenn eure Sünde gleich blutrot ist, soll sie doch schneeweiß werden, und wenn sie gleich ist wie Rosinfarbe, soll sie doch wie Wolle werden!"
Könnt ihr dann nicht mit Ninives König und noch viel eher als er sagen: „Wer weiß?" Wollt ihr nicht eure Bibel nehmen und nach einem Worte der Verheißung suchen? Wollt ihr nicht in euer Kämmerlein gehen und beten? „Wer weiß", ihr könnt noch begnadigt, noch an-

genommen werden. Ganz gewiß, ihr *sollt* noch angenommen werden. Ihr hört ja nicht die Ankündigung unabwendbaren Gerichts, sondern die Botschaft erbarmender Gnade.

Ein freier, offener Born

An jenem Tage wird dem Hause Davids und den Bewohnern Jerusalems ein Quell erschlossen sein (als Mittel) gegen Sünde und Unreinheit. *Sacharja 13, 1*

Wie preise ich mein Amt! Ich darf Sünder jeder Art einladen zum Freuden- und Hochzeitsmahl der Gnade. Jesus selbst schenkt ihnen das hochzeitliche Kleid; darum darf niemand sie abweisen. So erhebe ich meine Stimme wie ein Herold und rufe mit Macht: „Kommt, kommt! Es ist alles bereit."

Aber da höre ich jemand seufzen: „Wie köstlich muß es sein, frei von Schuld im Frieden Gottes zu leben! Nur – für mich ist das alles nicht. Ich bin kein gewöhnlicher Sünder. Ich habe es vielen zuvorgetan. Ich war auf des Teufels Hochschule. Ich saß, wo die Spötter sitzen. Meine Sünden steigen wie Gespenster vor mir auf. Es sind Sünden der Mitternacht. Mein Gewissen verklagt mich Tag und Nacht. Ich vernehme eine höhnische Stimme: ‚Ach, sieh doch! Du möchtest wohl gern ein Frommer werden? Nein, nichts da! Hinab mit dir! Du bist ein Verfluchter! Von Hoffnung kann keine Rede sein.' "

Mein armer, gequälter Freund, laß dir sagen, daß alle deine Sünden – und seien ihrer noch hundertmal mehr, als du denkst, – dich doch nicht ins Verderben zu stoßen brauchen, wenn du *einen* Schritt tust, den Schritt zu Jesus, deinem Erlöser! Blick weg von deiner Verdammnis; schau auf ihn hin, den Mann der Schmerzen, der eine ewige Erlösung erfunden hat! In seinem Namen darf ich dir verkündigen: „Wenn deine Sünde blutrot ist, soll sie doch schneeweiß werden, und wenn sie gleich ist wie Scharlach, soll sie doch wie Wolle werden."

Ergreife das im Glauben! Nimm Jesus beim Wort, und du hast ein volles Heil! Was Johannes sagt, ist vielfach erprobt: „Das Blut Jesu Christi, des Sohnes Gottes, macht uns rein von aller Sünde." Wenn du dir das im Glauben aneignest, so zerrinnt alle Schuld, und Friede fließt wie ein Wasserstrom in dein Herz. Dann kann kein gähnender Schlund dich ferner schrecken, weil dein Blick himmelwärts gerichtet ist, wo dein Mittler Jesus Christus, der große Sieger über Hölle und Tod, auf dem Thron sitzt.

Ich helfe dir!

Jesus antwortete ihm: „Ich will kommen und ihn heilen." *Matthäus 8, 7*

Zu gewissen Zeiten sind alle Verheißungen der Bibel von keinem Nutzen für uns, weil keine Hand uns hilft, in ihren Genuß zu gelangen.

Seht dort den Mann auf dem Schlachtfeld! Er ist schwer verwundet, das Blut fließt aus seinen Wunden; er wird zusehends schwächer. Dort drüben, nur wenige Kilometer entfernt, befindet sich ein Lazarett. Aber wie soll er dahinkommen? Er versucht es mehrfach, weiterzukriechen, aber vergeblich. So wird er umkommen, während doch gar nicht fern Ärzte, Verbandstoffe und Arzneien genug vorhanden sind. Es fehlt der Krankenträger, der ihn dorthin schafft, wo die Hilfe winkt.

So ähnlich kann es einem im geistlichen Leben ergehen. Alles ist da; aber die Verbindung und Vermittlung fehlt, die uns in den Genuß des göttlichen Trostes setzt.

Da empfiehlt sich einer, der unser Bedürfnis kennt und uns an die Stelle leitet, die uns allein und wahrhaft helfen kann: der Geist der Wahrheit.

Denke doch keiner, daß Christus gewisse Freuden für uns bereitet hat, um sie dann irgendwo zu verstecken, wo wir sie nicht erlangen können! Nein, er bringt sie in nahe Reichweite, daß wir sie nicht verfehlen können; ja, er bringt sie selbst in unsere Herzen hinein.

Der kranke, ermattete Pilger erfährt nicht nur, daß eine Kraft vorhanden ist, durch die er gestärkt werden kann, nein, er wird wie auf Adlersflügeln emporgehoben und dahingebracht. Christus hilft ihm nicht nur gehen, er trägt ihn sogar und spricht: „Ich will deine Wunden verbinden. Ich will selber zu dir kommen.“ – Arme Seele, bedeutet das nicht Freude für dich?

Dein Prediger hat dir oft gesagt, du brauchtest nur an Christus zu glauben; aber du antwortest: „Ich kann das nicht!“ Du bist manches Mal eingeladen worden, zu Jesus zu kommen; aber du fühlst, daß es dir an Kraft dazu gebricht. Sieh, dann tut sich erst die ganze Köstlichkeit des Evangeliums auf. Wenn solch verzagter Sünder nicht zu Jesus kommen kann, dann neigt der Heiland sich zu ihm. Christus ist ihm näher, als er ahnt.

Mein Bruder, wenn dich eine schwere Last zu Boden drückt, dann gibt dir dein Vater nicht bloß Verheißungen, um dich dann dir selbst zu überlassen. Er tut viel mehr. Die Verheißungen, die er in sein Wort geschrieben hat, wird er auch in dein Herz schreiben. Er wird dir durch seinen Geist seine Liebe offenbaren und deine Sorgen und Lasten von dir nehmen.

Herrliches Evangelium, das solche Dinge für arme Verlorene bereithält!

Die Himmelsglocken läuten

Zu jener Zeit hob Jesus an und sagte: „Ich preise dich, Vater, Herr des Himmels und der Erde, daß du dies vor Weisen und Klugen verborgen und es Unmündigen geoffenbart hast.“ *Matthäus 11, 25*

Jawohl, sie läuten jedesmal, wenn ein Sünder um Gnade und Vergebung fleht! Und ich sage dir, daß solches Gebet schneller läuft als der elektrische Funke; denn es steht geschrieben: „*Ehe sie rufen,* will ich antworten; wenn sie noch reden, will ich hören.“ Dabei ist es gleichgültig, ob dein Gebet aus dem Kämmerlein, der Scheune oder dem Gotteshaus emporsteigt; ob du dabei zum Himmel blicktest oder dein Angesicht schamvoll zur Erde neigtest; ob du laut schreien mußtest: „Gott, sei mir Sünder gnädig!“, oder ob dir die Stimme versagte vor tiefer innerer Bewegung. Dein Heiland hat ein sehr scharfes Ohr, und seine Augen blicken huldvoll auf dich nieder.

Wir schauen geradewegs in das Herz Jesu hinein, wenn wir ihn sagen hören: „Ich preise dich, Vater und Herr des Himmels und der Erde, daß du solches den Weisen und Klugen verborgen hast, und hast es den Unmündigen geoffenbart! Ja, Vater, denn es ist also wohlgefällig gewesen vor dir."

Wie freut sich der Hirt unserer Seelen, wenn er sehen darf, daß eins seiner Schafe sicher zur Herde zurückgebracht ist! Er triumphiert im Geiste, wenn er einen Sünder vom Irrtum seines Weges herumgeholt und nach Hause gebracht hat.

„Siehe, er betet!" sagte der Heiland tiefbeglückt, als Saulus, der bisher so viele „Gebete gesprochen" hatte, nun mit dem Herzen betete. „Siehe, ich habe das Herz eines Feindes gewonnen! Ich habe meinen Verfolger gerettet. Er ist jetzt mein Freund und Jünger geworden."

Die Engel freuten sich auch. Wenn ein Mensch zum Leben erwacht, umstehen Engel seine Wiege. Wenn er dann aufwächst und in Sünde gerät, so gehen ihm die Engel überall nach. Endlich sieht der Verirrte, daß er sich verrannt hat und daß er zurückkehren muß. Das alles sehen seine Engel und rufen: „Ihr Engel, liebe Brüder, hört zu: er betet wieder!"

Und die Himmelsglocken ertönen. Es gibt ein Freudenfest in der Herrlichkeit.

Das alles steht im teuren Bibelbuch; denn da heißt es: „Es ist Freude im Himmel bei den Engeln Gottes über einen Sünder, der Buße tut."

Komm!

Kommt her zu mir alle, die ihr niedergedrückt und belastet seid: ich will euch Ruhe schaffen! *Matthäus 11, 28*

Im Alten Bunde konnte der Fromme nur von fern mit Gott verkehren. Selbst als Gott seinem Knecht Moses erschien, hieß es: „Tritt nicht herzu, ziehe deine Schuhe aus von deinen Füßen!" Und als Gott sich dem von ihm erwählten und ausgesonderten Volke auf dem Berge Sinai offenbarte, lautete einer der ersten Befehle: „Mache ein Gehege um den Berg, und wenn auch nur ein Tier den Berg anrührt, soll es gesteinigt oder mit einem Geschoß erschossen werden!"

Im Gottesdienst der Stiftshütte und des Tempels wurde diese Tatsache des Abstandes vom Heiligtum dem gottesfürchtigen Gemüt ebenfalls nachdrücklich eingeprägt. Die Masse des Volkes kam nicht einmal in den äußeren Vorhof. Den inneren Hof durfte außer den Priestern nie jemand betreten. Der innerste Raum aber oder das Allerheiligste öffnete sich nur einmal im Jahre für eine einzige Person, den Hohenpriester.

Ein schwerer, kostbarer Vorhang schloß die Offenbarungsstätte der Gegenwart Gottes ab, und die Wolke zwischen den Flügeln der Engel auf der Bundeslade wurde nie von einem sterblichen Auge geschaut, außer von jenem Auge, das ein einziges Mal im Jahre durch die Wolke des aufsteigenden Weihrauchs auf ihren Glanz zu blicken wagte, während das Blut der Versöhnung auf den Gnadenstuhl gesprengt wurde.

So schien der Herr seinem Volke als Ganzem fast immer sagen zu wollen: „Tretet nicht nahe herzu!" Es war die Ordnung jener Zeit, daß Gott sich fernhielt. Als ob er die Menschen lehren wollte, die Sünde sei in seinen Augen so abscheulich, daß er den Sünder wie einen aus dem Lager ausgeschlossenen Aussätzigen betrachten müsse. Auch wenn er ihnen am nächsten käme, müsse er sie immer noch fühlen lassen, wie tief die Kluft zwischen dem heiligen Gott und einem unreinen Sünder ist.

Jesus Christus aber handelt ganz anders. Die Weisung: „Tretet nicht nahe herzu!" wandelt sich bei ihm in die Einladung: „Komm!" Die Ferne mußte der Nähe weichen. Zäune wurden abgebrochen, und Scheidewände fielen, und wir, „die wir einst ferne waren, sind nahe geworden durch das Blut Christi".

Jetzt heißt es: „Kommt her zu mir alle, die ihr mühselig und beladen seid, ich will euch erquicken!"

Das ist der beseligende Ruf des Gottes, der unsere menschliche Natur an sich genommen hat. Jetzt heißt Jesus den Aussätzigen nicht zurückzutreten, sondern er heilt ihn, indem er die Plage des Sündenaussatzes auf sich nimmt. Jetzt lehrt er die Menschen nicht, daß ihre Krankheit sie von ihm scheidet, sondern er zeigt ihnen die himmlische Kur. Sündige Menschen dürfen wissen, daß Gott, ohne seine Reinheit zu beflecken, mit der Unreinheit in Berührung kommen kann, um sie hinwegzunehmen. Ohne von dem Erz-Aussätzigen, dem Teufel, angesteckt zu werden, kann er mit ihm im menschlichen Herzen ringen, auf daß er ihm Hände und Füße binde und ihn hinausstoße von dem Menschen, damit er unser Geschlecht nicht mehr drücke und plage.
So führt Jesus uns in die Nähe Gottes, und ihr wißt, daß eine noch größere Nähe folgen wird. Wohl ist Gott uns jetzt geistlicherweise schon sehr nahe, aber ein Tag kommt – o, daß er bald käme! –, an dem die Engel singen werden: „Die Hütte Gottes bei den Menschen, und er wohnt unter ihnen“, ein Tag, an dem wir keines Tempels bedürfen, der uns Gott verhüllt. Gott, der Herr, und das Lamm werden dann der Tempel der gesamten Menschheit sein. Alle werden ihn sehen von Angesicht zu Angesicht und die Tage der Ferne und der Trauer werden ein Ende haben.

Mein Joch ist sanft

. . . denn mein Joch ist sanft, und meine Last ist leicht. *Matthäus 11, 30*

Es gibt Leute, die es nicht wagen, durch die Tür des Reiches Gottes einzugehen, weil sie gehört haben, daß man vom Geiste Gottes gezogen werden muß. Sie glauben an die Lehre von der Gnade, aber sie verstehen sie falsch und meinen, Gnade bedeutet, daß ein Mensch bei den Ohren gefaßt und mit Gewalt in den Himmel gezerrt werden müsse.
Wie klar sagt aber schon das Alte Testament: „Ich ließ sie ein menschliches Joch ziehen und in *Seilen der Liebe* gehen und half ihnen, das Joch an ihrem Halse tragen.“

Glaubt mir, Freunde, der Geist Gottes macht es mit uns nie wie wir mit einem Kasten, zu dem wir den Schlüssel verloren haben und den wir dann mit Gewalt aufbrechen. Nach den Gesetzen unserer Natur handelt Gott mit Menschen eben als mit *Menschen*. Er zieht wohl mit Seilen, aber es sind Seile der Liebe. Er beeinflußt den Willen, indem er das Urteil erleuchtet. Er bringt uns dahin, daß wir die Dinge in einem anderen Licht sehen. Und sein Licht erleuchtet Herz und Verstand.
Dann erkennen wir, daß die Dinge, die wir jetzt noch lieben, böse sind, und hassen sie; und umgekehrt wird es uns klar, daß vieles, was wir bisher haßten, gut ist, und darum erwählen wir es jetzt.
Die Leute aber, die ich hier im Auge habe, bilden sich ein, daß sie gezwungen werden, ihren Sinn zu ändern, ob sie wollen oder nicht. Das aber liegt dem Geiste Gottes ganz fern. Von einem Müssen, ob man will oder nicht, ist bei ihm nie die Rede.
Der Heilige Geist will nichts anderes tun, als auf Christus hinweisen, ihn verklären. Wenn das Evangelium sagt: „Glaube an den Herrn Jesus Christus, so wirst du selig!", dann hat auch der Heilige Geist keine andere Botschaft. Auch er stellt uns vor die Wahl, an Jesus zu glauben und zu leben, oder den Heiland abzulehnen und verloren zu gehen.
Immer aber ist das Wirken Gottes im Sohn und durch den Heiligen Geist ein freundliches Locken, das unsere Herzen überwinden will und so unaussprechlich gnadenvoll einladet: „Kommt her zu mir alle, die ihr mühselig und beladen seid, ich will euch erquicken!"

Der ganze Mensch muß betteln!

Da kam eine kanaanäische Frau aus jenem Gebiet her und rief ihn laut an: „Erbarme dich meiner, Herr, du Sohn Davids!"
Matthäus, 15, 22

Als der Psalmist flehte: „O Herr, errette meine Seele!", da sprach er das natürlichste Gebet, das es gibt. Er sagte gerade das, was er meinte, und meinte genau das, was er sagte. Das ist die rechte Art, zu beten.

Es war ein sehr kurzes Gebet. Manches Gebet ist zwanzigmal länger, als es sein sollte. Es wird erstickt unter einem Schwall von Worten.

Sicherlich gibt es Zeiten, in denen ein Christ stundenlang beten kann; aber es wäre ein großer Irrtum, wenn wir den Wert unserer Gebete nach der Länge der Zeit bemessen wollten, die wir dafür gebrauchten. Die Hauptsache ist nicht, wie lange, sondern wie ernstlich wir beten. Wenn unser Gebet den Himmel erreicht, so ist es lang genug, auch wenn es nur wenige Worte umfaßt. Wenn es aber das Herz Gottes nicht trifft, so wäre es nicht lang genug, um von Nutzen zu sein, selbst wenn es eine Woche dauerte.

Die Schrift zeichnet drei sehr kurze Gebete auf, die doch tiefer und weiter waren als das unermeßliche Meer. Das erste: „O Herr, errette meine Seele", das zweite: „Gott, sei mir Sünder gnädig!" und das dritte: „Herr, gedenke an mich, wenn du in dein Reich kommst!"

Alle drei sind im Vaterunser enthalten. Das erste findet sich in der Bitte: „Erlöse uns von dem Übel!"; das zweite ist ausgedrückt in den Worten: „Vergib uns unsere Schuld!", während das letzte in der großen Bitte enthalten ist: „Dein Reich komme!"

Wir sehen, wie wunderbar weit und umfassend das Gebet ist, das der Herr uns als Musterbeispiel gab. Und doch ist es so kurz. Es kommt also nicht auf die Menge der Worte an.

Darum soll niemand sagen: „Ich wohne in der tiefen Grube der Verlorenheit, aber beten kann ich gerade deswegen nicht; ich habe keine Worte. Ich kann nur stöhnen und schreien." So stöhne und schreie, mein Bruder! Solche Gebete sind oft die besten.

„Aber ich fühle mich so elend, daß ich's gar nicht ausdrücken kann." So drücke dich nicht aus! Laß nur dein Herzweh aufwärts steigen zu Gott! Richte all deine Wünsche direkt an ihn, und laß dies die dringende Bitte deines Herzens sein: „O Herr, ich flehe dich an, errette meine Seele!"

Das ist die Weise, wie man beten muß: „Schüttet euer Herz vor ihm aus!", mit oder ohne Worte, wie ihr es am leichtesten findet.
Nur eins ist wesentlich: Das Herz muß voll inneren Verlangens sein; das Herz, der ganze Mensch muß drin sein. Man muß entschlossen sein, nicht wegzugehen vom Angesicht des Herrn, bis man den Segen erlangt hat.
Macht es, wie es vor einigen Abenden jemand tat. Er sagte: „Ich bin ein verlorenes Menschenkind, aber ich will nicht aufstehen von diesem Platze, bis ich meinen Heiland finde. Ich bin entschlossen, Vergebung zu erlangen oder auf meinen Knien zu sterben!" So rief er in seiner Not und – erlangte den Sieg. Der Herr hörte ihn und errettete seine Seele.
Darum rufe! Rufe getrost und schone nicht! Mag dein Gebet nur aus abgerissenen Seufzern bestehen, es wird das Ohr Gottes erreichen und Erhörung finden, wenn dein Herz darin ist.

Stellt Christus in den Vordergrund!

Als sie aber ihre Augen aufschlugen, sahen sie niemand mehr als Jesus allein.
Matthäus 17, 8

Es gibt Gemeinden, in denen in zehn oder zwölf Jahren keine einzige Seele bekehrt worden ist. Das ist tief schmerzlich; aber ich will euch zeigen, woran es liegt: Christus wurde nicht in den Vordergrund gestellt als Kern und Stern der Lehre, sondern eine poesievolle Rede von Tugenden und dergleichen. Wie konnte Christus da segnen?! Er gibt seine Ehre keinem andern und legt das Heil in keine andere Lehre als die von seinem Kreuze. Er selbst will und muß stets im Vordergrund stehen.
Der bedeutende Schriftforscher Bengel übersetzt Römer 3, 25 folgendermaßen: „Gott hat Christus Jesus aller Welt vor Augen gestellt." So ist es. Gott hat Christus öffentlich ausgestellt, so daß jeder ihn sehen kann und muß.
Ein eigenartiger, aber treuer Gottesmann, der viel in

Edinburg als Straßenprediger wirkte und dafür viel verhöhnt und verlacht wurde, pflegte im Winter des Abends eine kleine Laterne an eine Stange zu hängen, sich an eine Straßenecke zu stellen und den Vorübergehenden eindringlich Christus zu predigen.
Nichts aber glich seinen Gebeten in der Einsamkeit.
Ein Herr erzählte mir, er hätte diesen Gottesmann eines Abends besuchen wollen. Die Flurlampe war schon ausgelöscht, und so mußte der Besucher sich drei Treppen hinauftasten, bis er schließlich die rechte Tür fand. Er öffnete sie ganz leise, konnte indessen nichts von dem Alten sehen. Dafür aber hörte er ihn beten: „ O Herr, vergiß Edinburg nicht! O Herr, vergiß Edinburg nicht! Wende dich nicht ab vom Gebet deines Knechts! O vergiß die große Stadt nicht, Herr! Dein Knecht läßt dir keine Ruhe, bis du deinen Geist ausgießest über Edinburg!"
Nun machte der Besucher sich bemerkbar, worauf der Beter innehielt, ein Licht anzündete und dem Fremden dann sagte: „Ich will erst eine Stunde lang beten, um dann wieder hinauszugehen und zu predigen, wenn man mich auch verspottet und auslacht."
Seht, so müssen wir für unsere Mitmenschen fühlen, so für sie beten und hernach Christus, den Heiland, so in den Vordergrund rücken, daß von uns nichts mehr zu sehen bleibt, aber alle hören und erkennen müssen, daß wir einen herrlichen Heiland haben. Solche Verkündigung wird Frucht für die Ewigkeit schaffen.

Ich glaube, lieber Herr, hilf meinem Unglauben!

Sogleich rief der Vater des Knaben laut aus: „Ich glaube: hilf meinem Unglauben!"
Markus 9, 24

Sprachen wir einmal vom Erkennen der Güte Gottes darin, daß seine Hand sichtbar ruht auf allem, was wir tun und unternehmen, so gibt es, darauf wollen wir jetzt unser Augenmerk richten, auch andere Zeiten. Da ist alles rings um uns her schwarz wie die Nacht. Tagelang will sich weder Sonne noch Mond zeigen,

und Stürme brausen über unser Haupt hinweg. Das sind Zeiten, in denen der Christ wie ein steuerloses Schiff dahingetrieben wird, ein Spiel brüllender, haushoher Wellen. Man schaut in die Höhe, aber da ist kein Helfer; man senkt den Blick niederwärts, aber da gähnt eine schauerliche, unergründliche Tiefe. Da lauert dann die Verzweiflung in allen Ecken und Winkeln. Nichts als Schrecken ringsum. Was bleibt dann?
Da kann man nicht sagen: „Ich *erkenne* Gottes Güte." Es bleibt nur eins übrig: Man schließt die Augen und sagt: „Ich *glaube* Gottes Liebe. Braust nur, ihr Wogen, heult ihr Winde, gähne, du Abgrund, dennoch glaube ich an Gottes Liebe!"
Der erste Zustand, das Erkennen der Güte Gottes, ist das süßeste, aber das zweite, das Glauben an diese Güte, ist das erhabenste Erleben. Um Gottes Liebe zu erkennen, brauchst du unter Umständen nur ein Kindlein in Christo zu sein; aber um diese Liebe zu glauben, selbst wenn derselben alles, aber auch alles entgegensteht, dazu gehört reifere christliche Erfahrung.
Im Sonnenschein dem Herrn vertrauen, das heißt nur Pfennige dem Herrn darbringen, ihm aber auch in den Lebensstürmen fest die Treue halten, das heißt Tausende opfern. Kein Ertrag ist so reich wie der, welcher aus dem scheinbar so dürren Lande der Trübsal erwächst. Es kann Gott keine größere Ehre gezollt werden als die, welche er empfängt von dem vertrauensvollen Glauben eines zu Boden geschlagenen, aber dennoch nicht vernichteten Gläubigen.
„Es ist aber der Glaube eine gewisse Zuversicht des, das man hoffet, ein Nichtzweifeln an dem, das man nicht sieht."

Der liebenswürdige Teufel

... und dabei vom Teufel versucht. Er aß in diesen Tagen nichts, so daß ihn hungerte, als sie zu Ende waren. *Lukas 4, 2*

Nicht Jesus allein, auch seine Jünger werden vom Teufel versucht. Und immer spielt er sich auf, als ob er es gut

mit uns meint. Er möchte uns geschont wissen. Er will uns der Gefahr entreißen, uns lächerlich zu machen. Er möchte unser Christentum so der Welt anpassen, daß alle Leute sagen müssen: „Ja, so lassen wir es uns gefallen!"
Laßt mich euch auf einige dieser Satansschliche aufmerksam machen!

Ich setze den Fall, daß du dich eines guten Werkes angenommen hast, aber von den Leuten ausgelacht, ja verdächtigt wirst. Sobald du den Mund auftust, dies Werk zu empfehlen, schiebt man dir falsche Beweggründe unter. Schon naht sich der Versucher und sagt zu dir: „Warum machst du dich so lächerlich? Sie werden nicht aufhören mit ihrem Spott, bis du es aufgegeben hast. Es mag sehr tapfer aussehen, ein Märtyrer zu sein, und wenn man auf einmal verbrannt wird, ist es auch auf einmal aus, aber sozusagen über schwachem Feuer aufgehängt und langsam gebraten zu werden, das hält der stärkste Mann nicht aus. Sei doch klug! Gegen Dummheit kämpfen Götter selbst vergebens."

Ein beliebter Angriff des Satans richtet sich gegen die Festigkeit des Glaubens. Während die Liebe in vielen erkaltet ist, bleibst du noch eifrig. Da naht sich der Feind und flüstert dir zu: „Sieh, wieweit du mit deiner Festigkeit kommst! Andere Leute sind auch wacker, du findest nichts an ihnen zu tadeln, willst du gerechter sein als sie? Warum willst du Gottes Sache vor dir herschieben und die Welt hinter dir herschleppen? Warum mußt du durchaus zwei Tagereisen an einem Tage zurücklegen? Ist es nicht genug mit einer? Mach's doch wie die anderen auch? Sind sie nicht ebenso ehrbare Bürger wie du? Halte dein Schläfchen und gönne dir auch mal Ruhe!"

Noch einen so „freundlichen" Ratschlag hat der Teufel für uns. Er sagt: „Mußt du dich denn so strikt an diese pietistischen Satzungen halten? Vernünftige Leute sind viel weitherziger. Sie rücken die Grenzen etwas weiter hinaus und lassen auch einmal fünf gerade sein. Schließlich muß doch jeder nach seiner Weise selig werden. Die Glaubensartikel fangen allgemach an, zu veralten; sie lassen sich mit unserer aufgeklärten Zeit nicht mehr in Einklang bringen. Brich mit diesen altmodischen Dingen und werde endlich ein Mensch, der in die Gegenwart paßt! Du weißt doch, daß Wahrheit und Dichtung Nachbarskinder sind. Willst du dich nun erkühnen, zu behaupten, daß gerade du die Wahrheit gefunden hättest? Schließlich ist die Bibel eine wächserne Nase, die auf jedes Gesicht paßt. Man kann jede Wahrheit, aber auch jeden Irrtum mit ihr beweisen. Darum sei klug und bequeme dich der Zeit an!"

So redet der Satan noch lange Zeit weiter. Du aber, Gottesmensch, meide seine Gemeinschaft! Tritt ihm entgegen wie der Meister selbst mit der Waffe des untrüglichen Wortes Gottes!

Die Auferstehung unseres guten Rufes

... freut euch vielmehr darüber, daß eure Namen im Himmel eingeschrieben stehen!
Lukas 10, 20

Es ist nicht angenehm für einen Menschen, der Gott in Aufrichtigkeit dient, wenn er erfahren muß, daß seine Lauterkeit verdächtigt wird. Und doch war das stets das Los aller treuen Nachfolger Jesu Christi, die der Welt Gottes Willen und Gottes Gericht verkündigten. Die Welt leidet es nicht, daß ein Mensch ihre Torheiten straft. Wenn sie ihm nicht den Mund stopfen kann, so schwärzt sie ihn doch wenigstens an und besudelt ihn mit ihrem Schmutz.

Wenn ihr das Leben irgendeines Heiligen Gottes ins Auge faßt, so werdet ihr diese Wahrheit bestätigt finden; er wurde sehr bald das Opfer der größten Verleumdung.

Bis auf die heutige Stunde wird von den Feinden der Reformation behauptet, daß Luther ein Trunkenbold gewesen sei. Schon zu seinen Lebzeiten nannte man ihn die deutsche Bestie. Aus seiner Verheiratung mit Katharina von Bora machte man ihm den Vorwurf grober Sinnlichkeit.

Tun wir einen Blick in das Leben Whitefields, des großen und gewaltigen Zeugen der Gnade, so sehen wir, daß er ein Mann von edelstem Charakter war. Die Welt aber hat ihn zu einem der schändlichsten Verbrecher gestempelt, die Sodom je gekannt hat. Und es gab genug sogenannter Zeugen, die ihre Behauptungen mit falschen Eiden bekräftigten.

Wesley erzählte einst bei einer Gelegenheit, man hätte ihm schon alles Böse zur Last gelegt, mit Ausnahme der Trunksucht. Aber noch in derselben Versammlung erhob ein Weib ihre Stimme und beschuldigte ihn auch dieses Lasters. Er aber sagte: „Gottlob, jetzt ist mir alles mögliche Böse mit Unrecht nachgesagt worden um des Namens Christi willen!“

Solche Verdächtigungen geduldig ertragen zu müssen, ist freilich nicht angenehm; aber wenn ihr als echte Christen nun dazu berufen seid, an weithin sichtbarer Stelle im Reiche Gottes zu stehen, dann macht euch darauf gefaßt, daß man euren guten Namen anschwärzen wird! Hofft dann nicht, daß außer Gott noch jemand eine gute Meinung von euch hegt! Auch eure guten Freunde setzen sich um euretwillen nicht der Gefahr aus, mit euch von der Welt verachtet zu werden. Es bleibt der einzige Trost der gottseligen Menschen, daß *Gott* alles weiß und die Sache ihrer Seele führt.

In der Auferstehung werden die Menschen erscheinen, wie sie einst wirklich waren, und nicht, wie sie zu sein schienen, oder wie sie von Gottlosen geschildert wurden. Am Jüngsten Tage gibt es auch eine Auferstehung des guten Rufes, der in die dunkle, von der Verleumdung gegrabene Grube gelegt worden war, über den man den Hügel der Verachtung geworfen hatte, um auf ihm die Grabschrift der Schmach anzubringen. Alle diese zu Unrecht geschändeten guten Namen werden wieder auferstehen und vor dem Throne des ewigen Gottes gerechtfertigt.

Jene verhöhnten und geschmähten Männer werden heranziehen auf der Straße des Ruhms und der Ehre inmitten des lauten Jubels, mit welchem die versammelten Welten den großen Vergelter bewillkommnen. Sie werden aufwachen zur Herrlichkeit, während andere auferstehen zur Schande und zum ewigen Gericht.

Wie wird es dann den Pharisäern ergehen, wie den

Heuchlern, die hier auf Erden den guten Ruf der Gotteskinder totgeschlagen haben und sich dabei den ehrenwerten Schein der Vortrefflichkeit gaben?! Der ganze gestohlene Schmuck wird ihnen genommen, so daß ihnen nichts anderes übrigbleibt, als ihr schmachbeladenes Haupt zu verbergen.
Noch einmal: Wie ganz anders wird der Zustand eines Armen sein, der in unverdienter Verkennung lebte und starb, sich aber in der Ewigkeit als lichten und glänzenden Geist wiederfindet! Er wird bekennen dürfen, daß Gott die Sache seiner Seele geführt und ihm seine Klage in einen Reigen verwandelt hat.

Dein Name steht in der Bibel

Darüber murrten die Pharisäer und die Schriftgelehrten laut und sagten: „Dieser nimmt Sünder auf und ißt mit ihnen."
Lukas 15, 2

„Kann das sein?" fragst du. Ganz gewiß, es ist so, dein Name steht in der Bibel, unanfechtbar sicher.
Ich will zuerst sagen, was *nicht* dasteht: dein bürgerlicher Name, mit dem du im Adreßbuch deiner Stadt verzeichnet bist. Nein, der steht nicht da. Das wäre auch gar kein Trost für dich; denn sofort würde der Zweifel aufstehen: „Kann es in den zweitausend Jahren nicht noch einen anderen gegeben haben, der genau so hieß wie ich? Könnten es nicht gar zehn oder auch hundert gewesen sein? Wer von den vielen ist dann gemeint?" Deine ganze Freude, daß dein Name in der Bibel steht, würde dahinfallen. Ja, es käme eine große Unruhe über dich, die zur Not werden könnte.
Was nun? Ja nun, mein Freund, es steht ja kein einziges Mal dein bürgerlicher Name in der Bibel! Und doch steht dein Name gewiß und auch ganz genau drin! Ein Zweifel ist gänzlich ausgeschlossen, denn Jesus nimmt die *Sünder* an!
Das ist ein Name, wie er einfacher nicht gedacht werden kann. Niemand kann sagen: „Dieser Name paßt nicht

für mich; es ist ein Geheimnis dabei, ich kann seinen Sinn nicht fassen!" Nein, nein, das Wort Sünder ist in deiner Muttersprache ein durchaus verständlicher Ausdruck. Man kann sich nichts anderes darunter vorstellen als einen Menschen, der verlorengehen muß, weil er unter Gottes Zorn steht. Das aber ist bei dir der Fall. Sieh, so steht dein Name in der Bibel, ganz klar und unmißverständlich!

Was tust du nun, wenn du in ein Haus willst? Du klopfst doch an, die Tür öffnet sich, und du trittst ein. So tue es auch jetzt! Gehe und klopfe an bei deinem Heiland! Er tut dir auf, er nimmt dich an, und du bist ein Kind Gottes. Das ist alles! Dagegen kann auch der Teufel nichts sagen.

Ich muß manchmal fast lachen; denn damit, daß der Teufel mir bisweilen zuraunt, ich sei ein Sünder, tut er mir ungewollt einen großen Dienst. Ich kann mich dann unter das Wort stellen: „Dieser nimmt die Sünder *an!*" Er stößt mich nicht *ab,* sondern er nimmt mich *an,* gerade weil ich ein „Sünder" bin und unter das Wort passe: „Dieser nimmt die Sünder an."

Angenommen, du wärest in einem Lande im Innern Afrikas und irrtest in einer Nacht durch eine lange Straße mit Hütten, in welchen du ein Unterkommen suchtest. Nach vielem Hin und Her sähest du ein Schild mit der großen Inschrift: „Hier werden Weiße aufgenommen." Was würdest du tun? Es hieße doch sofort in dir: „Dies Haus suche ich." Fatal wäre es aber, wenn auf dem Schilde eine Anzahl Namen verzeichnet wären, unter denen sich der deine nicht befindet. Nein, das Wort „Weißer" genügt dir vollkommen. Es ist so allgemein, und darum gilt es dir. Du suchst einen Unterschlupf. Hier ist ein solcher für Weiße. Du bist ein Weißer, und folglich bist du – unzweifelhaft *du* – gemeint. Könnte irgendeine Inschrift über der Haustür genauer auf dich passen als diese?

Sieh, mein Lieber, so einfach ist das Evangelium! „Sünder", das meint dich, ohne jeden Zweifel dich; du darfst eintreten durch die Pforte der Einladung: „Dieser nimmt die Sünder an!"

Ein Hoffnungsstern

Darüber murrten die Pharisäer und die Schriftgelehrten laut und sagten: „Dieser nimmt Sünder auf und ißt mit ihnen."
Lukas 15, 2

Das „Wer weiß?" des Königs von Ninive hat es mir angetan. Immer wieder eilen meine Gedanken dahin. Man staunt vor der Zuversicht des Königs. Seine Überlegungen gingen etwa folgenden Weg: „Wenn Gott uns verderben wollte, ohne uns Gelegenheit zu geben, seine Gnade zu suchen, dann hätte er Jona nicht vierzig Tage vorher gesandt. Er hätte uns keinerlei Frist gegeben. Er würde uns mit einem Schlage, einem einzigen Wort zerschmettert und die Stadt in seinem Zorn ohne irgendwelche vorherige Mahnung umgekehrt haben. Was tat er seinerzeit mit Sodom? Er sandte keine warnenden Boten zuvor hin. Die Sonne ging auf, und das Feuer fuhr hernieder von Gottes schrecklicher, allmächtiger Hand. Nicht so mit uns. Hier sagt er das Gericht vorher an. Das läßt die Möglichkeit der Umkehr und der Gnade offen.

Sieh, lieber Freund, so darfst auch du denken. Du hast auch schon manche Mahnung gehört, und heute wirst du wieder gewarnt; noch mehr, du wirst herzlich eingeladen, zu Christus zu kommen. Die Stimme deines Heilands vom Kreuze ruft: „Laß dich retten aus deinen Sünden!"

Wenn der Herr abgeneigt wäre, dir zu vergeben, würde er dann seine Knechte zu dir gesandt haben, dich zu warnen und einzuladen? Wenn sein Herz nicht voll Erbarmen gegen dich entbrannt wäre, dann hätte er schon lange gesagt: „Laß ihn gehen, sein Herz gehört der Sünde; darum mag er umkommen!"

Es ist kein geringer Beweis von Gottes gnadenreichen Absichten mit einem Menschen, wenn er ihm einen treuen Prediger sendet. O meine Freunde, Gott ist mein Zeuge, daß ich euch nichts vorenthalten habe, daß ich nicht verkündigt hätte all den Rat Gottes, gleichviel, ob die Menschen ihn hören wollten oder nicht. Wenn ihr trotzdem verlorengeht, so geschieht es, weil ihr eure Herzen der göttlichen Einladung verschließt.

Darum beschwöre ich euch, laßt euch in Gottes Namen warnen, ehe denn die Pforten der Barmherzigkeit sich für euch schließen, ehe euer Leben endet! Heute, jetzt bedenket es wohl!
So kommt denn! „*Wer weiß?*"! Nein, ich ändere das Wort des Königs von Ninive und sage: „*Ich weiß,* daß, wenn ein Herz sich zu Gott kehrt, er sich zu ihm wendet und Gnade schenkt." Er schenkt sie auch dir.

Jesus, der Offenbarer Gottes

Im Anfang war das Wort, und das Wort war bei Gott, und Gott war das Wort.
Johannes 1, 1

„Im Anfang war das Wort."
Wir wissen, daß mit dem „Wort" Jesus gemeint ist. Warum nennt das Evangelium ihn so?
Nun seht, das ist so: Wenn ich mich euch durch Schrift oder Rede mitteilen will, dann muß ich mich des Wortes bedienen. Auf dieser Seite ist mein Gedanke, auf der anderen Seite sind eure Seelen. Wie finden diese den Weg zueinander? In unvollkommener Weise könnte ich meinen Gedanken euren Seelen durch ein Bild nahebringen, aber niemals völlig verständlich.
So war der Herr Jesus nicht ein Bild, sondern das „Wort", eine vollkommene Offenbarung Gottes an die Menschen. Der Vater hat zu uns geredet durch die Person, das Wort und das Leben des Sohnes.
Christus ist ein Wort Gottes an dich, mein Freund! Hast du dieses Wort verstanden? Hast du das Wort befolgt, indem du Jesus aufnahmst als deinen Mittler und Herrn?
Haltet ein wenig still und denkt darüber nach, welch wunderbare Botschaft das „Wort" ist, wenn Gott spricht: „Ihr Menschen, steht doch nicht länger so fern von mir! Ich will kommen und in meinem Sohne unter euch wohnen." Und dann weilte der Sohn dreiunddreißig Jahre unter den Menschen.
Gott sprach weiter: „Ihr Menschen, ich muß euch strafen von wegen eurer Sünde!" Da ließ er seinen Sohn ans

Kreuz schlagen als unseren Stellvertreter. Um unserer Sünde willen hing der Sohn am Kreuz.
Und weiter sagte Gott: Jetzt kann ich gerecht sein und euch Menschen wegen dieser Vermittlung Jesu rechtfertigen. Er ist das Bindeglied zwischen euch und mir! Er ist auferstanden von den Toten. Er ist der Mensch im Himmel. Er sitzt auf dem Throne und sagt: „Ich bin bereit, euch zu mir auf den Thron zu erheben."
Taten sprechen lauter als Worte, daher ist Christus, der das Liebeswort, das zärtliche Wort, das Herzenswort Gottes an uns Menschen ist, von Taten begleitet, die unmißverständlich sind; ja, dies „Wort" ist selbst Tat! Gott hielt nichts zurück, als er „Christus" sprach. Er sprach dieses Wort, und es umschließt die ganze Fülle seiner gnädigen Gesinnung gegen uns.
Hast du das „Wort", Christus, angenommen als die Willensäußerung Gottes an dich?
Und nun noch einen Schritt weiter: Wir dürfen dies Wort an Gott zurückgeben, indem wir im Namen dieses Christus beten. Wir sagen: „Vater, gib in Gnaden *um Christi willen.*" Christus ist Gott angenehm, folglich ist jedes Gebet im Namen Christi vor Gott angenehm.
So geht das Wort von Gott aus zu den Menschen und von den Menschen zurück zu Gott.
Welch herrliche Wechselbeziehung! Laßt sie uns mit Freuden ausnutzen!

Das Wunder der Menschwerdung Christi

Und das Wort wurde Fleisch und nahm seine Wohnung unter uns, und wir haben seine Herrlichkeit geschaut, wie sie dem eingeborenen Sohne vom Vater verliehen wird; eine mit Gnade und Wahrheit erfüllte. Johannes 1,14

Bischof Cyprian sagte einmal: „Ich staune über kein Wunder; dieses aber bringt mich zur höchsten Anbetung, denn es ist das Wunder aller Wunder, daß Gott Mensch werden konnte."
Daß Gott aus dem Nichts lebendige Kreaturen hervorrief, ist gewiß ein wunderbares Zeugnis seiner Allmacht,

aber daß Gott Wohnung nehmen konnte in einer solchen Kreatur, daß er in die innigste Vereinigung mit seinem Geschöpf eingehen konnte, das ist die erstaunlichste Tat der herablassenden Liebe. Das ist fürwahr über alles menschliche Denken erhaben, daß wir nirgend in allen heidnischen Götterlehren etwas Ähnliches finden, obwohl die ungezügeltste Phantasie dort den sonderbarsten Einfällen Raum gibt und häufig Götter in Menschengestalt erscheinen. Etwas, was sich nur entfernt mit der wesenhaften Vereinigung der beiden Naturen in der einen Person Jesu Christi vergleichen ließe, gibt es doch nicht.
Das menschliche Denken ist in seinen kühnsten Leistungen nie so hoch gestiegen, daß es von sich aus die Vorstellung hätte fassen können von einem Gott, der als wahrer Mensch auf Erden geboren wurde, um so die Menschen zu erlösen.
Das Wunder liegt aber noch mehr in dem Beweggrund, der die Menschwerdung veranlaßte. Wir können nicht begreifen, was unseren Herrn zu einer solchen Herablassung bewegte. Es war seine unvergleichliche und unaussprechliche Liebe, die ihn trieb, seines Vaters Herrlichkeit, die Anbetung der Heiligen und alle Freuden des Himmels zu verlassen, um als Mensch für uns zu leiden, zu bluten und zu sterben.
Ja, er wollte sogar der Genosse der Elendesten aller Menschen werden, wollte der Zöllner und Sünder Freund heißen. Er wollte sich als ein Mensch im vollsten Sinne des Wortes zur tiefsten Stufe der Menschennatur herabneigen. Er wollte – ach, es ist ja eine Herablassung, die ich in Worten nicht zu schildern vermag.

Man muß auf das Zeugnis anderer achten!

Aus jener Stadt aber wurden viele von den Samaritern an ihn gläubig infolge der Versicherung der Frau: „Er hat mir alles gesagt, was ich getan habe.“ *Johannes 4, 39*

Die Samariter glaubten an Jesus, weil das Weib ihnen von ihm erzählt hatte.
Wir glauben vieles auf Grund des Zeugnisses anderer

Menschen. Ich glaube, daß es ein Land gibt, das sie Japan nennen. Ich sah es noch nie, aber andere waren da, und ich glaube um ihretwillen. Ich glaube, daß ich sterben werde. Ich bin noch nie gestorben, aber sehr viele sind es, die ich einst kannte, und deshalb habe ich die Überzeugung, daß ich auch sterben werde. Das Zeugnis vieler überzeugt mich von dieser Tatsache.

Hört nun auch alle diejenigen an, die euch sagen, wie sie errettet worden sind, wie sie Vergebung erlangten, wie ihr Sinn und ihr ganzes Wesen verändert wurde. Ihr könnt Menschen finden, die in genau derselben Sünden- und Seelennot stecken wie ihr jetzt, und doch Heil und Gnade fanden; laßt euch von ihnen raten!

Wenn du in Verzweiflung bist, brauchst du nur unter das Volk Gottes zu gehen und ein wenig Nachfrage zu halten; du wirst auf einige stoßen, die sich in gleicher Not befunden haben. Sie werden dir gern erzählen, wie der Herr sie befreite. Während du denen zuhörst, die das Wort Gottes erprobt haben, wird dich der Geist Gottes zum Glauben führen.

Ein Missionar hatte einem Neger erzählt, daß das Wasser zuweilen so hart würde, daß man darauf gehen könnte. Kopfschüttelnd erklärte dieser Bewohner der heißen Zone, daß er sehr vieles glauben wolle, was der Missionar ihm erzählte, dies aber könne er niemals annehmen.

Er kam mit nach England, und als es Winter wurde, fror auch der Fluß zu, in dessen Nähe sich sein Quartier befand. Er sah das, war aber nicht zu bewegen, das Eis zu betreten, denn er fürchtete, ertrinken zu müssen, weil der Fluß tief war. Erst als er sah, daß seine Freunde und viele andere das Eis betraten, ohne einzubrechen, getraute er sich, dasselbe zu tun. Und o Wunder über Wunder, das Wasser trug ihn, es war „hart" geworden, war gefroren! Er erlebte, was er bezweifelt hatte.

So wird es auch dir ergehen, wenn du anderen aufmerksam zuhörst, die dir sagen, daß bei ihnen alles neu geworden sei. Nach und nach werden deine Zweifel schwinden, und du kannst sagen wie die Samariter: „Wir glauben um der Rede willen des Weibes." Du wirst auch den Weg zum Heiland finden.

Danach aber führt dich der Herr noch einen Schritt weiter; du wirst selber die Wunder Gottes sehen und die Gnade Jesu erfahren. Dann kannst du bekennen: „Ich glaube, nun hinfort nicht um der Rede der anderen willen, ich habe selber erkannt, daß dieser wahrhaftig ist Christus, der Welt Heiland!"

Bringst du auch Frucht?

Jede Rebe an mir, die keine Frucht bringt, entfernt er, und jede, die Frucht bringt, reinigt er, damit sie noch mehr Frucht bringe.
Johannes 15, 2

Bei uns auf dem Lande bestand früher die Sitte, daß ein Prediger, der sich auf Reisen befand, überall umsonst Wohnung und Verpflegung erhielt.
So kam eines Abends ein solcher Reisender in ein Gasthaus und wurde bereitwilligst aufgenommen. Wie erschrak er aber, als der Wirt am nächsten Morgen mit der Rechnung erschien! Er erinnerte an die Landessitte und pochte auf sein Recht, nicht bezahlen zu brauchen, da er ein Geistlicher sei.
„Verzeihung", antwortete der Wirt, „Sie sind gestern abend wie ein Sünder zu Bett gegangen und müssen nun am Morgen wie ein Sünder bezahlen!" (Der Gast hatte nämlich vor dem Schlafengehen nicht gebetet, weder mit den Leuten, noch für sich selbst.)
Der Wirt hatte ganz vernünftig gehandelt. Von einem Prediger erwartet man mit Recht, daß er Gebetsumgang mit Gott hat. Das Gebet ist eine selbstverständliche Äußerung inneren Lebens. Wer es nicht übt, ist geistlich tot, auch wenn er ein geistliches Amt bekleidet. Und wenn du wirklich ein Gotteskind bist, dann wird sich auch bei dir das innere Leben in seinen naturgemäßen Äußerungen kundtun.
Christ sein bedeutet, so innig mit Christus verbunden zu sein wie die Rebe mit dem Weinstock. Von Reben aber wird Frucht erwartet. Christus spricht: „Eine jegliche Rebe an mir, die Frucht bringt, wird der Vater reinigen, daß sie mehr Frucht bringe."

Nun gib dir Rechenschaft, welche Frucht du bringst! Demütige Gesinnung? Aufrichtige Heiligung in ständiger Selbstprüfung und Absonderung von der Welt? Suchst du, ernstlich in die Fußtapfen Jesu zu treten?
Das sind ernste Fragen, die ich jedem einzelnen von uns vorlege. Nach unseren Werken werden wir am Jüngsten Tage gerichtet. Du bist ein Knecht dessen, dem du dienst. Gibst du dich den Lüsten dieser Welt und den Werken des Fleisches hin? Dann bist du ein Knecht der Sünde, und dir gilt die göttliche Warnung: „Irret euch nicht, Gott läßt sich nicht spotten! Was der Mensch sät, das wird er ernten. Wer auf sein Fleisch sät, der wird vom Fleisch das Verderben ernten."
Oder bringst du in der Kraft Jesu Christi die Früchte des Geistes hervor? Wandelst du wirklich als ein Auserwählter Gottes, der angezogen hat „herzliches Erbarmen, Freundlichkeit, Demut, Sanftmut und Geduld"? Trachtest du danach, Christus zu gefallen?
Dann wird Gottes Hand dich wohl reinigen, aber kein Messer des Gerichts darf die Rebe abschneiden, die Frucht bringt. Gott sei gedankt, daß nur solche Reben abgeschnitten und weggeworfen werden, die *keine* Frucht bringen! Menschen aber, die in Christus Jesus sind und ihm Frucht bringen, haben ewiges Leben.

Bis zum Schwören kann man's wissen!

... eins aber weiß ich, daß ich blind gewesen bin und jetzt sehen kann.
Johannes 9, 25

Es gibt Zeiten für jedes Gotteskind, in denen sein Gnadenstand ihm eine viel handgreiflichere und gewissere Wahrheit ist als die Tatsache seines Daseins, wo alle Gründe, die man möglicherweise vorbringen könnte, seine Heilsgewißheit nicht erschüttern können, weil der Heilige Geist ihm seine Kindschaft unwiderleglich versiegelt.
Ein einfaches Mädchen wurde einst von einem Ungläubigen mit allerlei Spitzfindigkeiten in die Enge getrieben. Er lachte sie aus, erschütterte alle ihre Glaubensaussagen

und setzte ihr immer wieder zu, daß sie ein betörtes, irregeleitetes Ding sei.
Sie hörte ihn geduldig an und antwortete ihm, so gut sie konnte. Manche ihrer Gründe waren, wie man zugeben muß, nicht ganz hieb- und stichfest. Schließlich sagte sie: „Mein Herr, ich gebe zu, daß Sie viel mehr wissen als ich; aber eins können Sie mir nicht nehmen, nämlich das innere Zeugnis, daß ich ein Gotteskind bin. Ich weiß ganz gewiß, daß ich es bin. Nichts kann mir die Gewißheit aus dem Herzen reißen, daß ich vom Tode zum Leben hindurchgegangen bin."
Ja, so ist es mit Tatsachen. Sie stoßen alle Scheingründe und Gründe über den Haufen. Was ich weiß, was ich in der Stunde meiner Bekehrung erlebt habe, das kann keiner widerlegen. Ich habe es ja erfahren. Ich war ganz wach dabei. Mein Innerstes war bis in seine tiefsten Tiefen erschüttert. Den Wandel von schwerster Not zur jauchzenden Freude kann mir keiner bestreiten.
Seht jenen Blinden im Evangelium! Die Pharisäer und Schriftgelehrten suchen ihn zu verwirren, indem sie vom Herrn Jesus in verächtlichem Tone sprechen und ihn für einen Sünder erklären. Der Geheilte aber läßt sich auf nichts ein; er sagt nur immer wieder: „Eins *weiß* ich, daß ich blind *war* und *bin* nun sehend."
Gott sei Lob und Dank, daß es Heilsgewißheit gibt! nicht dazu verurteilt, in der fortwährenden, bangen Ungewißheit dahinzuleben, ob Gott uns angenommen hat oder nicht. „Sein Geist gibt Zeugnis unserem Geist, daß wir Gottes Kinder sind."

Knecht oder Freund?

Ich nenne euch nicht mehr Knechte, denn der Knecht hat keine Einsicht in das Tun seines Herrn; vielmehr habe ich euch Freunde genannt, weil ich euch alles kundgetan habe, was ich von meinem Vater gehört habe.
Johannes 15, 15

In einigen unserer Lieder wird von Christus mit sehr großer Vertraulichkeit geredet, so daß kalte Beobachter

sagten: „Wir lieben solche Ausdrücke nicht, so etwas können *wir* nicht singen."
Darin stimme ich Ihnen ganz bei, Herr Zaghaft, daß die Sprache Ihnen, einem *Fremden*, nicht zusagen kann. Aber ein *Kind* darf tausend Dinge sagen, die sich für einen Knecht nicht schicken.
Ich erinnere mich, daß ein solcher Kritiker Anstoß nahm an dem Liede:

„Wer unsern Gott nicht kennt,
kann auch sein Lob nicht leiden;
doch *Lieblinge* des Himmelsherrn
verkünden nah und rühmen fern
den Reichtum ihrer Freuden."

Er meinte, eine solche Vertraulichkeit Gott gegenüber dürfe man sich nicht zuschulden kommen lassen. „Lieblinge", das ist doch zu stark! Da muß nur „Hörige" stehen, entschied er.
Als er so schulmeisterte, dachte ich: „Ganz recht, du singst, was du fühlst. Du fühlst dich eben immer noch als ein Höriger, als Leibeigener und Lohndiener. Du weißt noch nichts von der erwählenden und freimachenden Gnade, noch nichts von besonderen Liebeserweisungen Gottes; darum bleibst du in deinem gewohnten Stande als Höriger des Himmelsherrn."
Mein Herz bedarf einer Gottesanbetung, in der ich fühlen und auch aussprechen darf, daß ich ein Freund des himmlischen Königs bin und darum von seiner besonderen Zuneigung singen kann, von der geoffenbarten Gnade, seinem lieblichen Umgang und seiner geheimnisvollen Vereinigung mit meiner Seele.
Das begreifen freilich nur Menschen, die fragen konnten: „Herr, was ist's, daß du dich *uns* willst offenbaren und nicht der Welt?" Es liegt eine Tiefe darin, die nur uns offenbart werden kann und nicht der Welt.
Laß es mich an einem Beispiel klarmachen: Ein Richter ist in seinem Amt ein Mann von nicht geringer Würde. Sein Büblein aber hat davon keine Ahnung; es fürchtet sich nicht im geringsten vor Paragraphen. Es weiß nur von einer großen Liebe zu diesem Manne. Wenn er heimkommt, klettert es ihm auf den Schoß, küßt ihn stürmisch

und plaudert mit ihm über kleine und kleinste Dinge. Und der Vater? Er geht auf alles ein und ist glücklich, mit dem Kinde ganz Kind sein zu dürfen. – Seht hier den großen Unterschied! Im Gerichtssaal ist der Mann ganz Ernst und Würde; da steht er als Richter dem Angeklagten gegenüber, der ein heimliches Grauen vor ihm empfindet; in seinem Hause aber ist er ganz Vater, ganz Freund seines Lieblings. Er strömt Liebe aus und genießt Gegenliebe.

Wenn ich manche Gebete Martin Luthers lese, so lassen sie mich erstaunt aufhorchen. Aber ich sage mir: „Es ist wahr, so könnte ich nicht mit Gott reden; aber wahrscheinlich hat Luther seine Kindschaft stärker gefühlt als ich und daher seine Vorteile auch besser wahrgenommen. War er aber deshalb weniger demütig als ich? Es mag sein, daß er Ausdrücke brauchte, die andere Leute nicht in den Mund nehmen dürften? Warum? Weil sie den Herrn weniger kannten als er."

Und nun frage ich dich: „Bist du ein Knecht oder sein Freund?"

Die Sünde des Unglaubens

... über Sünde (die darin besteht), daß sie nicht an mich glauben. *Johannes 16, 9*

An der Liebe und Freundlichkeit Gottes zu zweifeln, halten viele Menschen für eine ganz unbedeutende Sünde. Manche Gotteskinder haben es sogar als besonders reife Frucht des Gnadenstandes angesehen, wenn sie laute Befürchtungen äußerten, ob Gott sie ihrer vielen Fehltritte wegen wohl gnädig ansehen könne.

Es ist jedoch eine schwere Kränkung Gottes, an seiner Güte und Treue zu zweifeln. Oder kann es geringe Sünde sein, Gott zu einem Lügner zu machen? Das aber tut der Unglaube, wenn er den Zusicherungen Gottes nicht traut, die doch mit einem Eide, ja mit der Dahingabe des eingeborenen Sohnes besiegelt worden sind.

Nicht nur das; der Unglaube ist die Quelle unzähliger anderer Sünden. Gleichwie die dunkle Wolke viele, viele

Regentropfen in sich birgt, so ist der ewig seufzende Unglaube, der an Gottes Zusage zweifelt, ein Vater vieler Übertretungen.
Es ist eine Sünde, die jeder Gläubige verabscheuen sollte, solche Zweifel in sich zu bergen. Mit aller Macht muß er sie bekämpfen und, wo nur möglich, unterdrücken.
Wie leicht wäre diesem Übel abgeholfen, wenn wir mehr Umgang mit Jesus hätten! Ein Blick auf ihn ist immer von Segen. Wie wahr ist der Ausspruch des Apostels Petrus: „Euch nun, die ihr glaubet, ist er köstlich!" Je inniger man an ihm hängt, desto tiefer blickt man in das Geheimnis seiner Güte. Er ist immer derselbe Christus, aber er offenbart sich in immer größerer Vielseitigkeit, wenn man nahe bei ihm wohnt. Dann sieht man, daß er in Wahrheit „der Schönste unter den Menschenkindern" ist. Schön auf dem Throne, schön am Kreuze!
Und wie schön erst, wenn er seine Arme ausbreitet und liebend einladet: „Kommet her zu mir alle, die ihr mühselig und beladen seid, ich will euch erquicken!" Dann ist man im Nu aus der trostlosen Ferne, in der man sich plagen mußte, in die liebewarme Gottesnähe gerückt. Man sinkt vor ihm nieder, ergreift seine Hände und fleht: „Ich glaube, lieber Herr, hilf meinem Unglauben!"

Dornenkrone - Ehrenkrone!

. . . dann flochten die Soldaten eine Dornenkrone, setzten sie ihm aufs Haupt und legten ihm einen scharlachroten Mantel um.
Johannes 19, 2

Die Krönung Christi im Richthaus des Pilatus hatte eine tiefe symbolhafte Bedeutung. Die Dornenkrone war für ihn eine *Siegeskrone*. Christus hatte gegen die Sünde gekämpft von dem Tage an, als er ihr in der Wüste gegenüberstand, bis zu der Zeit, als er vor dem römischen Statthalter stand, und er hatte sie überwunden. Als Zeugnis, daß er den Sieg gewonnen hatte, setzte man ihm die Dornenkrone aufs Haupt.
Dornen sind die Krönung, der höchste Preis, den die

Sünde zu vergeben hat. Sie erwachsen aus dem Fluch: „Dornen und Disteln soll er – der Lebensacker – dir tragen." Diese Krone hat Christus an sich gerissen und auf sein Haupt gesetzt. Er ist der Sieger über Sünde und Tod. Er hat der Sünde ihre höchsten Ehrenzeichen entrissen und trägt sie nun als Zeichen seines Sieges.

Die Dornenkrone war im Leiden Jesu ähnlich der *Richtkrone,* wie die Zimmerleute sie auf die höchsten Sparren setzen, wenn sie einen Bau errichtet haben, nur unendlich viel wertvoller und bedeutungsvoller. Das Paradies war mit einer Hecke von Dornen umgeben, die so scharf waren, daß niemand eintreten konnte. Aber unser Held sprang über diese hohe Mauer und stellte sein weitragendes Kreuz in die Mitte des wiedergewonnenen Paradieses, das nun ein neues, ganz anderes Eden für uns geworden ist. Doch der Weg zu diesem Paradies geht über Golgatha. Der Heiland hat ihn uns gebahnt.

Jesu Dornenkrone ist die *Krone des Kämpfers in der Sportbahn.* Mit Fleisch und Blut rang der Gottessohn, mehr noch, mit Fürsten und Gewaltigen, die in der Finsternis dieser Welt herrschen, und er schlug sie auf der ganzen Linie. Er hat den Wettlauf gewonnen und ist allen Mächtigen zuvorgekommen.

So war seine Dornenkrone eine *Krone des Ruhms,* trotz der Schmach, die damit beabsichtigt war. Sage nie: „Ich leide unerträglich!" Was sind unsere Schmerzen im Vergleich zu den seinen, unsere oberflächlichen Kümmernisse, verglichen mit dem unendlichen Weh unseres Stellvertreters?

Jesus ist der Fürst der Märtyrer. Er führt die edle Schar der leidenden Zeugen und Bekenner der Wahrheit an. Ob sie am Marterpfahl starben, den wilden Tieren vorgeworfen wurden oder in den Kerkern langsam verschmachteten, keiner von ihnen kann den ersten Rang beanspruchen. Aber er, der treue und wahrhaftige Zeuge mit der Dornenkrone und dem Kreuze, steht an der Spitze aller.

Wir sind in der Tat Schwächlinge, wenn wir uns schämen, unseren Meister zu bekennen und uns vor ein wenig Spott fürchten oder vor der Kritik derer, die sich selbst weise dünken. Laßt uns von Herzen gern dem Lamme nachfolgen, damit wir in seinem Reiche auch seine Herrlichkeit schauen dürfen!

Siehe, er betet!

Der Herr fuhr fort: „Stehe auf und begib dich in die sogenannte gerade Straße; erkundige dich dort im Hause des Judas nach einem Manne namens Saulus aus Tarsus; denn siehe, er betet." Apostelgeschichte 9, 11

Wie ein Werwolf, ein unersättliches Untier, hatte Saulus die Jünger Jesu verfolgt. Als er in Jerusalem nichts mehr ausrichten konnte, stürmte er nach Damaskus und wußte doch nicht, daß er, der Verfolger, von einem Stärkeren verfolgt wurde.
Drei Tage und drei Nächte ist er nach jener gewaltigen Begegnung mit Christus vor den Toren von Damaskus in Dunkelheit gehüllt, hört geheimnisvolle Töne an sein Ohr dringen und fängt endlich an zu beten. Darüber setzt im Himmel eine Bewegung ein, und Ananias, der schlichte Jünger in Damaskus, weiß nicht, was er sagen soll.
Aber der Herr hatte die Zügel fest in der Hand. Er kannte die Straße, wo Paulus sich aufhielt: „Gehe in die Gasse, die da heißt die Richtige!" Ihm war auch das Haus bekannt: „Frage nach dem Hause des Judas." Der Name seines großen Feindes war ihm gegenwärtig: „Er heißt Saul." Er wußte sogar den Geburtsort: „Frage nach Saul von Tarsus." Er schaute in die Dunkelheiten, in der dieser Mann jetzt nach Licht rang: „Siehe, er betet!"
Welch ein Wunder der Gnade, daß man uns im Himmel so genau kennt und weiß, was wir tun! Da ist ein armer Sünder, der zerbrochenen Herzens sein Kämmerlein aufsucht und seine Knie beugt.
Du sagst in deinem Zagen: „Was nützt es, daß ich mich an Gott wende? Ich bin ja ein so unbedeutender, elender und schuldiger Mensch. Ich kann gar nicht daran denken, daß Gott mich beachtet."

O, du Gebeugter, es ist wahr, du hättest Zorn verdient, aber Gott erhört dein Flehen um Gnade! Er hat ja auch hier, bei Saulus, gewußt: „Siehe, er betet!"

Ja, mehr, er sandte einen Ananias, damit dieser gebrochene Saulus wieder sehend und mit dem Heiligen Geist erfüllt würde. Und dann sollte er dich in deiner Not stecken lassen!

Sollen wir die Bibel verteidigen?

... denn du sollst Zeugnis für ihn vor allen Menschen ablegen von dem, was du gesehen und gehört hast. *Apostelgeschichte 22, 15*

Ich meine, die Zeit sei vorüber, da man es für eine notwendige Aufgabe hielt, die Bibel zu verteidigen. Sie ist nun so oft verteidigt worden, daß alles Weitere in dieser Richtung unnötig ist.

Es geht der Bibel jetzt wie einem Waldkirchlein, das ich einmal sah. Es war vielen Stürmen ausgesetzt; dazu war es auf nicht ganz zuverlässigem Boden erbaut. Darum hatten die guten Leute gemeint, sie von allen Seiten stützen zu müssen, und sie hatten dazu noch einmal so viele Steine verwandt, wie in die Kirche selbst hineingebaut worden waren.

So, scheint es mir, hat man zweimal soviel zur Verteidigung der Bibel getan als zu ihrer Auslegung. Somit können wir es jetzt wohl der Bibel überlassen, sich selbst zu verteidigen.

Da sehe ich Leute um einen Löwenkäfig versammelt und beraten, wie man den Löwen verteidigen könnte. Mein kurzer Rat lautet: „Laßt ihn nur heraus, er wird sich schon selbst verteidigen!" Hei, wie würden seine „Verteidiger" auseinanderspritzen und alle Feinde dazu!

Unsere Antwort auf jeden Angriff gegen die Bibel ist die Bibel. Wer sie ohne Vorurteil studiert, wird sie auch bald verstehen und finden, daß niemand sie so glänzend verteidigen kann wie sie selbst. Wir können getrost auf Verteidigungsschriften verzichten.

Kurz, ich halte es mit dem 119. Psalm: „Dein Wort (dein

Wort selbst!) ist meines Fußes Leuchte und ein Licht auf meinem Wege."

Auch über die Kommentare will ich mit meiner Meinung nicht hinter dem Berge halten. Die meisten von ihnen sind geschrieben, um solche Teile der Bibel zu erklären, die uns selber längst klar waren; was aber die dunklen Stellen anbetraf, über die wir gern Aufschluß erhalten hätten, so schwiegen sich die „Erklärer" in allen Sprachen aus oder machten das Dunkel noch dunkler.

So kehrte man enttäuscht zu seiner Bibel zurück. Wir wollten den Text liegen lassen. Er war uns zu hoch. Und doch zog es uns immer wieder hin zu ihm. Ob Gott uns gerade durch diesen Text etwas Besonderes sagen wollte? Wir beteten darüber, lasen wieder, schlugen die Parallelstellen auf, besahen jedes einzelne Wort, flehten um Licht von oben, und siehe – da saßen wir mit einem Male wie Schatzgräber vor reichen Goldminen. Die Bibel sprach für sich selbst, und der Heilige Geist ließ sein Licht darauf fallen. Da waren wir wirklich, „wie einer, der große Beute kriegt".

Sollten wir da noch *verteidigen?* Nein, wir mußten *verkündigen!* Das ist unsere wirkliche Aufgabe!

Des Narren Kalender vertröstet auf morgen

Als Paulus dabei aber über Gerechtigkeit, Enthaltsamkeit und über das künftige Gericht redete, geriet Felix in Unruhe und sagte: „Für diesmal kannst du gehen! Wenn ich (später) gelegene Zeit habe, will ich dich wieder rufen lassen. *Apostelgeschichte 24, 25*

Wie zu Jesu Zeiten am Teiche Bethesda gibt es auch heute viele Wartende. Alle warten *auf eine gelegene Zeit.* Manche sind sogar so töricht, daß sie das Krankenlager und das Sterbebett für die günstigste Gelegenheit halten, ihre Sache mit Gott in Ordnung zu bringen.

Welch ein großer Irrtum ist das! Sie haben das Evangelium gehört und glauben, daß es die Wahrheit ist. Sie gehen beständig zum Gottesdienst und sagen zu sich selbst: „Wir hoffen, daß wir eines Tages imstande sein werden, Christus zu ergreifen und damit von der Krankheit der Sünde geheilt zu werden. Aber bekehren? Nein, jetzt nicht!"

Ihr lieben Leute, wie lange habt ihr nun auf diese gelegene Zeit gewartet? Fünf, zehn, fünfzehn Jahre? Ja, ich kenne einige, die zwanzig Jahre und noch länger gewartet haben. Ich sprach mit ihnen über ihr Seelenheil, und sie sagten mir, daß sie nicht die Absicht hätten, die Angelegenheit zu vernachlässigen. Sie seien am Warten, glaubten aber, daß ihre Zeit noch nicht gekommen sei. Sie setzten mir nicht genau auseinander, was noch im Wege stand, aber es würde in wenigen Monaten – ich meine sogar, einige hätten von Wochen gesprochen – verschwunden sein. Heute, nach zwanzig Jahren, ist es immer noch da! So warten sie denn weiter. Ich fürchte, sie werden warten, bis plötzlich der Tag des Todes anbricht und sie unerrettet finden wird. Sie rechnen stets auf ein günstiges „morgen"; aber morgen ist ein Tag, den ihr nicht im Kalender findet. Der wird nirgend gefunden als nur auf des Narren Kalender. Der Weise lebt heute. Was ihm „vorhanden kommt zu tun, das tut er frisch".

Heute ist Gottes Zeit, und wenn wir überhaupt selig werden wollen, so müssen wir dies „Heute" benutzen. Ach, wie viele liegen auf dem Wartebett und werden steif in den Gliedern, ihre Augen werden trübe, ihre Ohren schwerhörig und ihre Herzen immer gefühlloser! Ihr Einfältigen, hört doch: Soll es immer so bleiben? Wollt ihr warten, bis es zu spät ist?

„Heute, so ihr seine Stimme hört, verstockt eure Herzen nicht!"

Schrecken des Gesetzes

... denn auf Grund von Gesetzeswerken wird kein Fleisch (= Mensch) vor Gott gerechtfertigt werden; durch das Gesetz kommt ja (nur) Erkenntnis der Sünde. Römer 3, 20

Ehe wir recht verstehen können, wie oft wir fehlen, müssen wir versuchen, zu begreifen, was das Gesetz Gottes fordert.

Wenn ich nun nur einen Augenblick das Gesetz beschreibe, so werdet ihr sehr bald einsehen, daß ihr niemals dahin kommen werdet, es *ganz* zu verstehen.
Das Gesetz Gottes, wie wir es in den Zehn Geboten haben, scheint sehr einfach zu sein und leicht zu halten. Versuchen wir aber einmal, auch nur diese einfachen Vorschriften ganz ernst zu fassen und auszuleben, so finden wir bald, daß uns das ganz unmöglich ist.
Noch größer aber wird unsere Sorge, wenn wir entdecken, daß das Gesetz nicht bloß meint, was es ausdrücklich sagt, sondern daß es auch einen geistlichen Sinn hat, eine verborgene Tiefe des Inhalts, die wir beim ersten Blick nicht wahrnehmen. So verbietet zum Beispiel das Gebot: „Du sollst nicht ehebrechen!" mehr als die äußere Handlung des Ehebruchs; es bezieht sich vielmehr auf jede Art von Unkeuschheit, sowohl in Taten als auch in Worten und Gedanken. „Wer ein Weib ansieht, ihrer zu begehren, der hat schon die Ehe mit ihr gebrochen in seinem Herzen", so legt Jesus selbst dieses Gebot aus.
Ebenso verhält es sich mit jedem anderen Gebot. Der äußere Buchstabe ist nichts, verglichen mit dem Geist des Gebots, mit der ganzen ungeheuren Ausdehnung und der unerbittlichen Strenge der Regel. Die Zehn Gebote sind, wenn ich so sagen darf, gleich den Sternen. Mit dem bloßen Auge gesehen, erscheinen sie uns als schimmernde Punkte, könnten wir ihnen jedoch näherkommen, so würden wir finden, daß sie ungeheure Welten sind, bedeutend größer noch, als unsere Sonne ist, so gewaltig diese auch sein mag.
Stellen wir uns gar auf den Standpunkt Christi und betrachten sie so, wie es ihm erschien, dann finden wir, daß sie unermeßlich sind in ihrer Weite. „Ich habe alles Vollkommenen ein Ende gesehen, aber dein Gebot ist sehr tief."

Sünder, nichts als Sünder!

. . . alle haben ja gesündigt und ermangeln des Ruhmes, den Gott verleiht. Römer 3, 23

Es ist eine köstliche Botschaft, die nicht umgedeutelt werden darf, daß die Gnadenpforte für jedermann offensteht. Sie trägt die Inschrift: „Das ist gewißlich wahr, daß Christus Jesus gekommen ist in die Welt, die Sünder selig zu machen.“

Achtet darauf, daß dem Worte „Sünder“ keinerlei einschränkende Beifügung mitgegeben ist! Es heißt nicht „reuige Sünder“ oder „erweckte Sünder“, auch nicht „erschrockene Sünder“ oder „bekümmerte Sünder“, sondern einfach „Sünder“. Wenn ich heute zum Kreuze Christi komme – und ich fühle die Notwendigkeit dazu heute ebenso wie vor zehn Jahren – dann komme ich nicht als ein erweckter Sünder oder als ein bekehrter Sünder, sondern einfach als ein Sünder, hilfsbedürftig und arm, mit leeren Händen.

Als ich kürzlich diesen Gegenstand behandelt hatte, sprach ich nachdem mit einem Manne, der seit langer Zeit Heilsgewißheit hat. Er sagte: „Es ist mir noch nie so klar gewesen wie heute, daß ich bei Gott angekommen bin. Aber daß ich auf dem richtigen Wege war, wußte ich schon lange. Ich habe mit dem Dichter gesungen:

„Arm und schuldig, wie ich bin,
werf' ich vor dein Kreuz mich hin;
bloß – o Herr, gib Kleider mir;
schwach – die Kraft kommt nur von dir;
schwarz – bei dir der Brunnen rinnt,
der die Flecken von mir nimmt.“

„Ja“, bekräftigte er noch einmal, „schwarz bin ich, aber das teure Blut wäscht mich rein“.

Ich weiß, daß viele Seelen daran irre geworden sind, Gnade finden zu können, einfach deswegen, weil man das Evangelium eingeschränkt hatte. Man hatte gesagt: „Wenn du dein Elend fühlst, dann darfst du zu Christus kommen.“ Sofort antworteten sie bei sich selbst: „Ach, ich fühle mein Elend ja nicht tief genug!“

In Dutzenden von Briefen, die ich erhielt, klagen arme, von ihrem Gewissen beunruhigte Menschen: „Ich möchte es wohl wagen, wegen meiner Erlösung zu Christus zu kommen, aber mir fehlt noch das recht zarte Gewissen. Ich müßte ein weicheres Herz haben, das wie Wachs zerfließt. Ich müßte noch tiefere Trauer über meine Sünde empfinden. Aber mein Herz ist kalt. Ich kann nicht so tief fühlen, nicht so lebhaft bereuen, wie ich es müßte und auch wohl gern möchte; darum kann ich nicht zum Glauben an den Herrn Jesus gelangen."

Ach, weg damit! Weg damit! Diese Beiwörter sind vom Feind. Sie sind offenbare Werkgerechtigkeit. Nicht ein weiches Herz gibt dir ein Anrecht, zu glauben. Im Gegenteil; du mußt glauben, damit Christus dein hartes Herz weich macht und erneuert. Komm mit keiner anderen Klarheit, als daß du ein Sünder bist!

Stellvertretung

... er wollte also seine Gerechtigkeit in der gegenwärtigen Zeit erweisen, damit er selbst als gerecht dastehe und (zugleich) jeden, der den Glauben an Jesus besitzt, für gerecht erkläre. *Römer 3, 26*

Wenn die Seele ernstlich vom Bewußtsein ihrer Schuld niedergedrückt wird, wenn Angst und Unruhe über die unvermeidlichen Folgen der Sünde sie fassen, dann zittert sie vor Gott. Sie erbebt vor jeder Eigenschaft des heiligen Gottes, aber ganz besonders vor seiner Gerechtigkeit.

„Ach", spricht der Sünder zu sich selbst, „Gott ist ein gerechter Gott! Und wenn das der Fall ist, wie kann er mir dann meine Sünde vergeben? Meine Missetaten rufen nach Bestrafung, und meine Übertretungen fordern, daß Gottes Rechte mich zu Boden wirft. Wie ist es möglich, daß ich errettet werde?! Könnte Gott ungerecht sein, so möchte er mir vielleicht vergeben; aber das ist nicht der Fall, seine Gerechtigkeit ist eine furchtbare Tatsache. ‚Er misset Gerechtigkeit nach dem Bleilot und Geradheit nach der Schnur.' Er ist der Richter des ganzen Erdbodens und läßt jedem sein Recht widerfahren. Wie kann ich also seinem gerechten Zorn entrinnen, der gegen mich entbrannt ist?"

Gott ist gerecht; er verschont die Schuldigen auf keinen Fall. Vor allem legt schon das Jenseits Zeugnis davon ab, welch erschütterndes Strafgericht Gott über die Sünde der Menschen verhängt. Könnten die Stimmen der von Gott verurteilten Geister zu euren Ohren dringen, sie würden es bezeugen, daß Gott nicht ein Gott ist, der die Schuldigen ungestraft läßt und Missetaten übersieht. Er verschafft der göttlichen Gerechtigkeit für jede Verletzung des Gebots volle Genüge.

Der Sünder hat ganz recht, wenn er von Gottes Gerechtigkeit überzeugt ist, und wenn er daraus den Schluß zieht, daß eben diese Gerechtigkeit mit absoluter Sicherheit die Bestrafung des Sünders nach sich zieht. Wäre das nicht so, dann hätte Gott aufgehört, das zu sein, was er allezeit gewesen ist: der unwandelbar Gerechte.

Noch nie seit der Erschaffung der Welt ist eine Sünde ohne Sühnopfer verziehen, eine Übertretung vom großen Richter des Himmels vergeben worden, ohne daß das Gesetz volle Genugtuung empfangen hätte. Du hast völlig recht, überführter Sünder, daß es immer und ewig so bleiben wird. Jede Übertretung empfängt ihre gerechte Vergeltung, jede Missetat ihre Streiche, und jede Sünde erntet ihre Verdammnis.

„Wehe mir! Dann bin ich ausgeschlossen vom Reiche Gottes!“ sprichst du. „Was soll ich anfangen? Gleich einem schwarzen Engel, geflügelt zum Verderben, schreitet die Gerechtigkeit über die Straßen der Barmherzigkeit. Sie stellt sich mir in den Weg und droht, mich zurückzustoßen, hinein in den Abgrund des ewigen Verderbens.“

Du hättest recht, armer Sünder; es wäre so, wenn es kein Evangelium gäbe wie das, was ich jetzt verkündigen will. Dann wäre die Gerechtigkeit deine Widersacherin, deine unerbittliche Feindin, die nicht dulden kann, daß du in die Ruhe des Volkes Gottes eingehst, weil du gesündigt hast.

Aber nun ist es trotzdem möglich, daß ein Sünder errettet werden kann. Staune, o Himmel! Bewundere es, o Erde! Gerade jene Gerechtigkeit, die sich dem Sünder in den Weg stellte und seine Begnadigung verhindern wollte, ist versöhnt worden durch das Blut Jesu Christi. Durch das teure Sühnopfer von Golgatha ist der Gerechtigkeit Genugtuung geleistet worden, und seitdem hat sie ihr Schwert in die Scheide gesteckt und kein Wort zu sagen gegen die Annahme des bußfertigen Sünders.

Wie reimen sich Gerechtigkeit und Liebe?

... er wollte also seine Gerechtigkeit in der gegenwärtigen Zeit erweisen, damit er selbst als gerecht dastehe und (zugleich) jeden, der den Glauben an Jesus besitzt, für gerecht erkläre. *Römer 3, 26*

Der Herr vollzieht das Urteil seiner Gerechtigkeit selbst bis zum bitteren Ende und läßt von ihrer Forderung nichts nach. Es gehörte viel dazu, dem Gesetz dieses heiligen Gottes Genüge zu leisten; aber in dem Tode unseres Herrn Jesus geschah es. Obgleich er Mensch war, war er doch auch Gott, und in seinem Leiden und Sterben bot er der Gerechtigkeit Gottes eine Genugtuung, die besser war als die ewigen Höllenstrafen für die schuldige Menschheit. Gott ist in der Tat gerecht, wenn Jesus lieber am Kreuze stirbt, als Gottes Gesetz entehren zu lassen.
Wenn unser erhabener Herr selbst den Zorn trug, welcher der menschlichen Sünde gebührte, so wurde es allen klar, daß mit dem Gesetz nicht gespielt werden darf. Wir rühmen uns des Kreuzes; denn hier wurde Gerechtigkeit Gottes klargestellt, die Strafe für die Sünde fordert.
Aber wir rühmen uns des Kreuzes auch darum, weil wir hier eine Entfaltung der Liebe Gottes sehen, die ohne Beispiel dasteht: Gott vollzieht die Strafe nicht an dem schuldigen Sünder, sondern nimmt sie auf sich, legt sie auf den eingeborenen Sohn der Liebe. „Darum preiset Gott seine Liebe gegen uns, daß Christus für uns gestorben ist, da wir noch Sünder waren."
Was ist das für eine Tatsache?! Er, der Beleidigte, nimmt die Natur des Beleidigers an und trägt selbst die Strafe, die der frevelhaften Übertretung gebührt. Er, der Heilige, dem ewige Anbetung zukommt, läßt sich herab, unter die Übeltäter gerechnet zu werden, und die Sünden vieler zu tragen. In allen Religionen der Welt ist dergleichen nie verkündigt worden. Es geht über alles menschliche Begreifen und Verstehen hinaus. Hier wird in der Tat Gerechtigkeit und Liebe in Einklang gebracht.
Der Gerechtigkeit Gottes ist Genüge geschehen; die Sünde hat die Strafe erhalten, die ihr von Rechts wegen gebührt.

Aber die Liebe Gottes reicht der Gerechtigkeit die Hand: Nicht an dem Sünder wird die Strafe vollzogen, sondern an dem Sohne Gottes.
Ist es nun zu verstehen, daß wir nicht müde werden, ein solches Evangelium zu verkündigen? Wer an Christus glaubt, ist gerechtfertigt von der Sünde. Die Sünde wurde auf Jesus gelegt; er hat sie getragen. So kann Gott, weil er gerecht ist, sie nicht auch auf den gläubigen Sünder legen. Er wird eine Missetat nie zweimal bestrafen. Wenn er meinen Stellvertreter annimmt, wie kann er mich dann auch noch vor seine Schranken fordern? Mein Stellvertreter hat ja die volle Strafe erduldet.
So reichen sich Gerechtigkeit und Liebe die Hand, um dem bußfertigen Sünder volle Gerechtigkeit zu geben und ihn von aller Gewissensnot zu befreien.

Gottlose werden gerecht gesprochen

... wer dagegen keine Werke verrichtet, sondern an den glaubt, der den Gottlosen rechtfertigt, dem wird sein Glaube zur Gerechtigkeit gerechnet. *Römer 4, 5*

Wenn Gott jeden von uns, das ganze Geschlecht, verdammt hätte, dann wäre das die gerechte Strafe für die Sünde der Menschheit gewesen.
Nun aber nimmt Gottes eingeborener Sohn die Sünden der Welt auf sich und tritt so, beladen mit unserer Schuld, vor den gerechten Richter hin, der zugleich sein Vater ist. Für seine Person ist er nicht schuldig, die Sünde der anderen, der ganzen Menschheit, lastet auf seinen Schultern.
Und der Vater verdammt seinen Sohn. Er gibt ihn der Geißel der Römer preis, überliefert ihn dem Hohn der Juden, dem Spott der Kriegsknechte und dem Übermut der Priester. Er gibt seinen Sohn in die Hand des Henkers und befiehlt dem, Jesus an das Fluchholz zu heften.
Noch nicht genug! Hohn und Haß der Menschen sind zu schwach, dem Stellvertreter der Sünder alle Vergeltung anzutun, die sie erleiden müssen; darum schlägt Gott seinen Sohn selbst.

Ist jemand über diesen Satz betroffen? Er ist ganz und gar schriftgemäß. Lest nur das 53. Kapitel des Propheten Jesaja: „Der Herr *wollte* ihn also zerschlagen. Er ward *von Gott* geschlagen und gemartert."

Als unser Heiland von aller Welt Mißhandlungen erfahren hatte, vom Verräter in tiefster Seele verwundet, von Juden und Heiden verhöhnt und gequält war, da zeigte es sich, daß alle Kraft menschlichen Hasses noch zu schwach war, um die Sünde der Welt so zu vergelten, wie sie es verdiente; deshalb übernahm der Vater selbst die Bestrafung. Er schlug den eingeborenen Sohn wie einen verworfenen Übeltäter, schlug ihn, bis jener Schrei sich von den Lippen des Sterbenden losrang: „Mein Gott, mein Gott, warum hast du mich verlassen?!"

Und doch trug das leidende Gotteslamm all diese Bitterkeit für uns!

Fürwahr, wenn Gott seinen Sohn, den eingeborenen, inniggeliebten Sohn, schlägt, dann hat die Gerechtigkeit das Vollmaß dessen erhalten, was sie fordern kann. Wenn nun die Gerechtigkeit heute zu dir spricht: „Sünder, du hast gesündigt, siehe, hier bin ich, um dich zu strafen!", so antworte du: „Gerechtigkeit, du *hast* alle meine Sünde schon bestraft! Alles, was ich erdulden sollte, hat mein Jesus für mich getragen! Du hast ganz recht: Ich für meine Person schulde dir eine größere Summe, als ich je bezahlen vermöchte. Aber das andere ist ebenso wahr: daß ich dir in Christus *nichts* schuldig bin; denn alles, was ich schuldig war, *ist* bezahlt bis zum letzten Heller. Jesus hat alles bezahlt. Nichts bin ich dir schuldig, du rächende Gerechtigkeit Gottes!"

Wenn sie dich dann immer noch verklagt und dein Gewissen dir Vorwürfe macht, dann nimm die Gerechtigkeit mit nach Gethsemane! Dort bleibe stehen und weise hin auf deinen Heiland, wie er niedergebeugt ist von Schmerz, wie sein Schweiß gleich Blutstropfen zur Erde fällt. Frage die Gerechtigkeit Gottes, ob das nicht hinreicht, ihr Genüge zu leisten!

Erklärt sie sich noch nicht befriedigt, so führe sie in den Saal des Pilatus: „Siehe diesen Menschen, Gerechtigkeit, wie er der Aufwiegelung und Gotteslästerung beschuldigt wird! Folge ihm zu den Kriegsknechten, die ihn ins Antlitz schlagen, eine Dornenkrone auf sein Haupt setzen, ihn zum Hohn mit Purpur bekleiden und statt des Zepters ein Rohr in die Hand drücken!"

O Gerechtigkeit, schau ihn nur an, diesen Mann! Wenn du weißt, daß er „Gott, hochgelobt in Ewigkeit" ist und daß er trotzdem dies alles erleidet, um deinen Forderungen gerecht zu werden, wirst du dir dann immer noch nicht genügen lassen? Wenn das nicht ausreicht, was kann dich dann überhaupt zufriedenstellen?"

„Nichts als sein Tod!" lautet die Antwort.

„So komm denn mit mir und sieh, wie man ihn dort auf den Hügel Golgatha schleppt und an das Kreuzholz nagelt! Kannst du den Anblick seiner Qual ertragen? Kannst du hören, wie er in den Schrei ausbricht: ‚Mein Gott, mein Gott, warum hast du mich verlassen?' Sieh, o sieh, Gerechtigkeit, wie er sein Haupt neigt und stirbt! Er hat's vollbracht, das Leiden ist erfüllt."

„Ja", spricht die Gerechtigkeit, „ich bin zufriedengestellt; ich weiß nicht, was ich noch verlangen könnte. Alles ist geschehen."

Dann, Seele, darfst du auch zufrieden sein. Bist du gleich unwürdig und schuldig, so kannst du dich doch darauf berufen, daß dieses Opfer von Golgatha ausreicht, um alle Forderungen Gottes zu befriedigen. Fasse Glauben und juble aus tiefstem Herzen:

„Dies Blut sei all mein Leben lang
die Quelle meiner Lust;
es sei mein ew'ger Lobgesang
an meines Heilands Brust!"

Die überaus sündige Sünde

So hat also etwas Gutes mir den Tod gebracht? O nein! das hat vielmehr die Sünde getan: sie sollte als Sünde zutage treten, indem sie mir durch das Gute den Tod brachte; sie sollte sich eben durch das Gebot als über alle Maßen sündig erweisen.
Römer 7, 13

Die Sünde kann darin mit vielen Krankheiten verglichen werden, daß sie, wie diese, überaus ansteckend ist. Ein Mensch wird nie für sich allein ein Sünder bleiben. „Ein einziger Bube verderbt viel Gutes." Der Same der Sünde ist beflügelt wie Distelsamen. Den Aussätzigen könnt ihr in seinem Asyl verschließen, aber es gibt kein ähnliches Mittel, die Sünde abzusperren. Sie dringt unfehlbar hinaus und breitet sich aus. Wenn ein Mensch böse ist, macht er auch andere böse. Seine Kinder ahmen ihm nach, und seine Untergebenen, die unter seinem Einfluß stehen, sind bald nicht mehr von ihm zu unterscheiden. Selbst seine Nachbarn können sich der Wirkung seiner Sünde nicht ganz entziehen und werden irgendwie von ihr beeinflußt. Es ist ein ungestümer Ausbreitungswille in jeder Gestalt des sittlich Bösen. Es frißt schnell um sich wie Feuer im Stroh.

Gleich mancher Krankheit ist die Sünde auch sehr schmerzhaft. Nur bringt sie in einem gewissen Stadium der Entwicklung eine solche Abstumpfung der Seele mit sich, daß diese den Schmerz gar nicht mehr spürt. Daher kommt es, daß die meisten Menschen sich des Elends ihrer Sündenschuld gar nicht bewußt sind. Sie meinen: „Ich bin reich und habe gar satt und bedarf nichts, und sie wissen nicht, daß sie sind elend und jämmerlich, arm, blind und bloß."

Die Sünde erzeugt eine Wahnvorstellung, welche der kranken Seele blühende Gesundheit vorspiegelt. Solche Menschen reden gerade so, als wenn der Himmel ihr Erbteil wäre, obgleich sie am Rande des Abgrundes stehen.

Wenn die Sünde aber offenbar wird, dann bringt sie arge Schmerzen.

Ich kenne die Leiden und Ängste mancher Krankheiten zwar nicht aus eigener Erfahrung, trotzdem aber wage ich zu sagen, daß ich lieber alle möglichen Krankheiten zusammen erdulden wollte als die Schmerzen eines schuldbeladenen und lebendig gewordenen Gewissens. Denn wenn das Gewissen einen Menschen verklagt, dann gibt es keine Ruhe für ihn, weder bei Tag noch bei Nacht. Wenn die Sünde dem Herzen einmal überaus sündig geworden ist, dann wird der Geist von solcher Angst gepackt, daß die Seele fast bis zur Verzweiflung getrieben und das ganze Leben verbittert wird.
Glaubt mir, es ist keine Not so schwer wie die Sündennot, und kein Fluch ist so grausam wie der, den die Schuld im Gefolge hat.
Und dennoch wünsche ich zu Gott, daß ihr diesen Fluch und diese Not *jetzt* fühltet, damit ihr sie nicht *einst* fühlen müßt, wenn es zu spät ist. Ich wünschte, daß die Geißel eurer inneren Vorwürfe euch alle Selbstgerechtigkeit austreiben möchte, damit ihr endlich eure Zuflucht zu Jesus nehmt, der auch für eure überaus sündige Sünde am Kreuz gestorben ist.

Sollt' ich nun nicht fröhlich sein?

Seid fröhlich in der Hoffnung, geduldig im Leiden, beharrlich im Gebet! Römer 12, 12

Ich habe eine Frage an dich, mein Bruder. Wenn du einen Vater im Himmel hast, von dem du sagst, daß er dich liebt, einen Heiland, der sich selbst für dich gegeben und sich dir täglich neu schenkt, einen Heiligen Geist, der bei dir bleiben will, um dich zu unterweisen und zu trösten, ein so frohmachendes Evangelium wie das unsrige – mein Bruder, wenn das alles dein Besitz und Vorrecht ist, warum gehst du dann so niedergebeugt einher? Was bedeuten die Furchen auf deiner Stirn? Wie soll ich mir deine Tränenströme deuten? Und wie erkläre ich mir dein ganzes schwermütiges Wesen?
Was das bedeutet, antwortest du mir? Es bedeutet, daß ich Trübsal leide.

Aber lieber Bruder, hast du die Mahnungen des Herrn vergessen? Hat das Wort dir nichts zu sagen: „Wirf dein Anliegen auf den Herrn, der wird dich versorgen und den Gerechten nicht ewiglich in Unruhe lassen!"? Versuch es, mein Bruder, versuch es, fröhlich zu sein, so fröhlich, wie du nur kannst! Steht nicht geschrieben: „Freuet euch in dem Herrn allewege, und abermals sage ich, freuet euch!"? Weißt du nicht, daß der Mann, der das schrieb, im Gefängnis lag und auf den Richterspruch des Blutmenschen Nero wartete? Dennoch konnten ihm alle Trübsale seinen tiefen Frieden und seine große, göttliche Freude nicht rauben.

Ein fröhlicher Christ empfiehlt seinen Glauben. Wie du vor dem Schaufenster stehst, um zu sehen, was man dort im Laden alles erhalten kann, so schauen dir die Leute ins Angesicht, um zu sehen, was da tief unten in deinem Herzen wohnt. Ach, daß sie doch keinen unter den Gläubigen entdeckten, der immer nur traurig dreinblickt!

Einige Leute denken, daß ein saures Gesicht und ein dunkles Kleid der schicklichste Ausdruck ihrer Frömmigkeit seien. Sie würden es geradezu für ungeistlich ansehen zu lachen. Und wenn jemand gar in einer Kirche oder Kapelle lächeln wollte, dann wäre das nach ihrer Ansicht einfach eine Sünde.

Ach nein! Alles, was in uns ist, sollte Gottes heiligen Namen loben, vom heitersten Spiel der Phantasie bis zum feierlichen Aufschwung der Andacht. Ihr braucht es wirklich denen nicht nachzumachen, die ihre Angesichter verstellen, um gerecht zu erscheinen. Jesus hat nie gesagt: „Wenn du fastest, streue dir Asche aufs Haupt, damit alle Leute sehen, wie traurig du bist!" Im Gegenteil! Er sagte: „Wenn du fastest, so wasche und kämme dich und laß dir gar nichts anmerken! Dein Vater sieht nie auf die Haut, sondern ins Herz."

Sonst würden die Leute ja auch sagen: „Seht euch doch die Christen an! Die sind in Leid und Trübsal genau so fassungslos wie andere Menschen."

Habt ihr schon das törichte Gerede gehört, Jesus hätte nie gelacht, nicht einmal gelächelt? Als ich einmal einen Freund besuchte, wurde dieses Märchen von einem anwesenden Herrn aufgetischt. Ein Kind, das versucht hatte, der Unterhaltung zu folgen, lief zu seinem Vater und sagte laut: „Vater, dieser Herr hat nicht die Wahrheit gesagt."

Alle Anwesenden wurden verlegen über solche offene Sprache. Das Kind selbst aber gab auch die Begründung für sein Urteil. „Ich weiß, der Heiland hat es doch getan", erklärte es in fast kämpferischem Ton, „denn die Kinder hatten ihn lieb. Wenn er aber nie gelächelt hätte, hätten sie ihn gefürchtet. Er hat aber gesagt: ‚Laßt die Kindlein zu mir kommen!', und dann hat er sie auf den Arm genommen, und zuletzt hat er sie gesegnet."

Sehr richtig! Denkt ihr, daß ein Christ, wer es auch sei, ein kleines Kind auf den Arm nehmen könnte, ohne zu lächeln? Und glaubt ihr, daß ein Kind zu einem Menschen gehen würde, der nicht lächelt? Die Kinder haben darin ein sehr feines Gemerk.

Nein, nein! Jesus hat gelächelt! Und so sollen auch die Heiligen fröhlich sein und ihren Herrn preisen. Seid fröhlich, ihr Jünger, seid fröhlich!

Völlige Heilung

Der Gott aber, der unsere Hoffnung ist, erfülle euch mit aller Freude und mit Frieden auf dem Grunde des Glaubens, damit ihr immer reicher an Hoffnung werdet durch die Kraft des Heiligen Geistes! Römer 15, 13

Die will Jesus schenken. Er kam nicht in die Welt, um ihr bloß zu zeigen, was Sünde ist. Das war Aufgabe des Gesetzes. Es mußte die Sünde klar ins Licht stellen. Christi Aufgabe aber ist, die Sünde mit der Wurzel auszurotten. Was Sünde ist, wissen wir durch die Gebote; mehr bringen sie aber auch nicht zustande. Christus jedoch kam, um uns von der Sünde zu befreien.

Jesu Aufgabe war es auch nicht, die Sünde zu verkleinern. Er starb nicht, damit die Sünde weniger sündig erscheinen möchte, so daß Gott sie weniger streng ansehen könnte. Im Gegenteil! Wir sehen die Sünde nie so schwarz, als

wenn sie ihr Verderben und ihre böse Macht im Leiden Jesu offenbar macht. Auch erscheint uns Gottes Zorn nie unversöhnlicher, als wenn wir sehen, wie er den eingeborenen Sohn verzehrt. Ebensowenig ist Jesus in die Welt gekommen, um der todkranken Menschenseele ein Pflästerchen aufzulegen, um der Unruhe des Gewissens zu begegnen und zu sagen: „Friede, Friede", da doch kein Friede ist. Er ging an das Kreuz, um den Sündenschaden zu *heilen,* nicht aber, um ihn bloß zu *übertünchen.* Er wollte nicht etwa die Krankheit bei den Menschen in Vergessenheit bringen, indem er ihnen Trosttränklein verabreichte, die kurze Zeit den Schmerz betäuben. Nein, er wollte die Ursache des Leidens und der Furcht gänzlich beseitigen und die Menschen so gesund machen.
Jesus Christus kam nicht in die Welt, damit wir in Sünden fortleben und doch der Strafe entgehen. Er kam nicht, der Sünde ihre tötende Wirkung zu nehmen, so daß hinfort Menschen der Sünde dienen können, ohne zu sterben. Er kam, um sie völlig wegzuschaffen.
Wenn wir von der Erlösung reden, dann stellen sich viele darunter nur eine Befreiung von der Höllenstrafe vor. Daran denken wir gar nicht. Wir meinen nicht die Erlösung von den Folgen der Sünde, sondern die Erlösung von der Sünde. Wir sagen, daß Christus einen Menschen erretten kann, und meinen damit, daß er ihn von seiner inneren Krankheit befreit und ihn so macht, daß Gott mit Wohlgefallen auf ihn niederblickt. Solcher Mensch ist dann eine Neuschöpfung, eine neue Kreatur geworden. Zu diesem seligen Wissen kommt dann ein seliges Leben. Dann bist du in den göttlichen Adelsstand erhoben, bist ein „Kind Gottes", darfst dich des täglichen Umgangs mit deinem Heiland erfreuen. Wie ein Kind vertrauensvoll seine Hand in die seines Vaters legt, so darfst du mit ihm wandeln. Alle deine Freuden nimmst du dann aus seiner Hand, all deinen Kummer legst du in seine Hand. Es ist ein seliges Wandern zu zweien.

Was nichts ist, macht Gott herrlich

Nein, was der Welt als töricht (= ungebildet) gilt, das hat Gott erwählt, um die Weisen (= Gelehrten) zu beschämen; und was der Welt als schwach gilt, das hat Gott erwählt, um das Starke zu beschämen.

1. Korinther 1, 27

Wenn ein stadtbekannter Sünder errettet wird, tobt die Welt. Wenn ihr Goliath zu Boden sinkt, ergreifen die Philister kopflos die Flucht. Wie aber hallt der Himmel wider vom Triumphgesang der Engel und der Seligen, wenn ein „großer" Sünder ein Denkmal des Sieges der göttlichen Gnade wird! Und wie reden die Menschen mit eifrigen Zungen von den großen Taten Gottes, wenn einer, der sicher im Schmutze der Sünde verkam, zum „Heiligen" wird!

Was gab es seinerzeit für ein Aufsehen in Elstow, als John Bunyan sich bekehrte! Wie ein Lauffeuer ging es durch alle Kneipen: „Wißt ihr schon, daß Bunyan gestern in Bedford gepredigt hat?" – „Was, der?! War doch ein rechter Kerl! Beim Kegelspielen und Trinken uns allen voraus! Der soll gepredigt haben? Eher hätte ich gedacht, daß der Teufel predigt als John Bunyan! Wie ist das möglich? Können die Frommen einen Menschen denn ganz und gar umkehren?"

Und doch entsprach die wundersame Mär der Wahrheit. John Bunyan, der Trinker und Spieler, war vom Abgrund der Hölle weg errettet worden. Nun predigte er mit strahlendem Angesicht die Gnade Gottes, die Sünder selig macht.

Er ist ein Beispiel dafür, daß Gott in seiner unumschränkten Macht in Sündentiefen hineingreift, um Menschen zu Himmelshöhen zu erheben.

Für solche, die es noch nicht wissen, sei hier bemerkt, daß John Bunyan später der Verfasser eines Buches wurde, das neben der Bibel die weiteste Verbreitung in der ganzen Welt gefunden hat. Es ist dies „Die Pilgerreise". Bunyan wurde wegen seines Predigens – nicht wegen seines Saufens – ins Gefängnis geworfen, wo er dann Zeit fand, dies wundervolle Buch zu schreiben.

Und wie bei Bunyan dürfen wir es immer wieder erleben: Aus den tiefsten Tiefen der Sünde reißt Christus Menschen heraus und macht sie zu seinen bevorzugten Werkzeugen.
Haben wir nicht wirklich einen herrlichen Heiland?!

Denn durch Trübsal hier . . .

. . . der uns in aller unserer Trübsal tröstet, damit wir dann (unserseits) alle, die sich in irgendeiner Trübsal befinden, mit dem Trost zu erquicken vermögen, mit dem wir selbst von Gott getröstet werden.

2. Korinther 1, 4

Gottes Verheißungen schließen nicht aus, daß wir sehr schwer leiden und auch sterben müssen, nach dem Urteil der Menschen vielleicht sogar eines traurigen, schmerzhaften Todes. Gott verließ den Apostel Paulus nie, aber ich habe an der Stelle gestanden, wo der Henker ihm das Haupt abschlug. Ebensowenig ist der Heiland von dem Apostel Petrus gewichen; dennoch aber mußte dieser wie sein Meister den Tod am Kreuze erleiden.
So hat der Herr auch seine Gemeinde nie allein gelassen, aber sie ist oft wie das Stroh auf der Straße unter die Füße getreten worden. Das Blut ihrer Söhne und Töchter ist über die ganze Erde gesprengt, und es schien manchmal, als sei sie völlig zerstört. Dennoch ist, wie jedermann wissen kann, die Geschichte der Gemeinde nur ein Beleg für das Bibelwort: „Sie haben mich oft bedrängt, aber sie haben mich nicht übermocht." Im Tode ihrer Heiligen erlitt die Gemeinde nicht Niederlagen, sondern sie erfocht Siege. „Der Tod seiner Heiligen ist wert gehalten vor dem Herrn." Wenn sie, einer nach dem anderen, hinweggenommen wurden, Sterne, die hier unten aufhörten zu scheinen, so erglänzten sie in zehnfacher Helle am oberen Himmel.
Liebe Brüder, es kann sein, daß wir alle unser Gethsemane erleiden und unser Golgatha erleben müssen; aber Gott wird nicht von uns weichen, so wahr Gott Gott ist! Auch

auf unseren Tod wird eine Auferstehung folgen zu ewiger, herrlicher Gemeinschaft mit dem Herrn. Der Herr ist wahrhaftig auferstanden; darum spricht er jetzt also: „Laß dein Weinen und die Tränen deiner Augen!" „Deine Toten sollen leben!" Trauere nicht wie solche, die keine Hoffnung haben. Dein Jesus war tot, aber er ist nun der Lebendige! Er ist der Herr, dem wir schon jetzt und einst in Ewigkeit alle Ehre darbringen.

Meine Kreuzigung

Ich meinerseits dagegen bin durch das Gesetz für das Gesetz gestorben, um (fortan) für Gott zu leben: ich bin mit Christus gekreuzigt. *Galater 2, 19*

Laßt mich berichten, was bei mir vorging, als ich das volle Heil in Christus annahm. In dem Augenblick, als ich glaubte, daß Jesus der Gesalbte Gottes und mein Heiland sei, erwachte in mir ein tiefer Abscheu gegen jede Art von Sünde. Früher hatte ich die Sünde geliebt, einige besonders; aber gerade diese haßte ich jetzt vornehmlich. Mein Geschmack an der Sünde war geschwunden. Dinge, die ich einst liebte, waren mir jetzt zuwider; ich errötete, wenn ich nur an sie dachte.

Nun fing ich an, meiner Sünde nachzuforschen. Es stellten sich Parallelen heraus zwischen meiner Erfahrung in bezug auf die Sünde und den Einzelheiten der Kreuzigung Jesu.

Judas ging in den Garten, um unseren großen Stellvertreter zu suchen; geradeso begann ich, nach meinen Sünden zu forschen, selbst nach denen, die in der dichten Finsternis meiner Seele verborgen lagen.

Ich war unwissend und kannte die Sünde nicht als Sünde, denn es war Nacht in meiner Seele. Da es mich aber trieb, das Böse zu zerstören, so borgte mein bußfertiger Geist Laternen und Fackeln und ging aus wie nach einem Diebe. Ich suchte den Garten meines Herzens ab von einem Ende zum anderen mit flammendem Eifer, um jede Sünde ausfindig zu machen. Ich bediente mich der Hilfe meines Gottes, indem ich immer wieder sagte: „Erforsche mich,

Gott, und erfahre mein Herz!" Ich hörte damit nicht auf, bis meine geheimen Übertretungen alle erspäht waren.
Diese Herzenserforschung ist auch jetzt noch oft meine ernste Beschäftigung. Ich mache die Runde durch meine ganze Natur und versuche, diese Missetäter heimlicher Sünde festzunehmen, auf daß sie mit Christus gekreuzigt werden.
Ich denke ferner daran, was ich mit der Sünde machte, als ich ihrer habhaft geworden war. Ich schleppte sie vor den Richterstuhl. Ich saß zu Gericht über mich selbst. Ich brachte meine Sünde erst vor einen Gerichtshof, dann vor einen anderen. Ich betrachtete sie, wie sie vor Menschenaugen aussah, und zitterte bei dem Gedanken, daß die Schlechtigkeit meines Beispiels andere Menschen ins Verderben geführt haben könnte. Dann aber schaute ich meine Sünde auch, wie Gott sie ansieht, und verurteilte mich selbst in Staub und Asche. Ich überlieferte meine Sünde dem Tode eines Übeltäters. Zwar hörte ich eine milde Stimme, die wie Pilatus sagte: „Ich will ihn züchtigen und loslassen", d. h. man muß die Sache nicht gleich allzu tragisch nehmen; ein wenig Strafe mag auch genügen. Er wird nun gewiß nicht wieder sündigen.
Aber meine Seele protestierte. Ich schrie: „Kreuzige sie! Kreuzige sie!" Nichts konnte mich von meiner Haltung abbringen. Keine einzige Sünde sollte entschuldigt, keine einzige freigelassen werden. Alle sollten ans Kreuz.
Nun sah ich, wie mein Heiland angespien, verächtlich behandelt und verhöhnt wurde. Und ich sagte zu meiner Sünde: „Recht so, so soll es dir ergehen!" Wie verächtlich erschien mir meine Sünde! Ich sah alles, was niedrig und gemein war, in mir vereinigt. Mein Herz geißelte die Sünde durch Buße, schlug sie mit Vorwürfen und peinigte sie mit Selbstbezichtigungen.
Aber das genügte noch nicht. Die Sünde mußte sterben. Mein Herz trauerte über das, was sie angerichtet hatte; ich war entschlossen, meines Herrn Tod an meinem Ich zu rächen.
Darum führte ich meine Sünde hinaus an die Richtstätte. Sie wäre gern entflohen, aber die Macht Gottes verhinderte es und führte sie nach Golgatha.

Und nun ist meine Sünde gekreuzigt. Gott sei gepriesen! Und wenn sie nicht auf der Stelle tot ist – sterben muß sie doch! Ach, sie stirbt einen langsamen Tod, mit viel Schmerz und Kampf verbunden!
Habe ich nun mit diesem Vergleich phantasiert, geträumt oder Märchen erzählt? O nein, Freund, es war mein tiefstes Erleben, und nun lebe ich in Christus als eine neue Kreatur, die ihm geheiligt ist. Ich lebe ein Leben in seiner Kraft, so daß ich mit Paulus sagen kann: „Ich lebe, doch nun nicht ich, nein, Christus lebt in mir!"

An unsrer Statt

Mir aber soll es nicht beikommen, mich irgendeiner anderen Sache zu rühmen als nur des Kreuzes unsers Herrn Jesus Christus, durch das für mich die Welt gekreuzigt ist und ich für die Welt. *Galater 6, 14*

Ich hörte von einem Richter, der das Urteil zu sprechen hatte über einen Angeklagten, mit dem er in der Jugend täglich gespielt hatte. Das Gesetz schrieb für das Vergehen dieses Mannes eine hohe Geldbuße vor. In der Verhandlung ließ der Richter die ganze Strenge des Gesetzes walten. Manche, die sein früheres Verhältnis zu dem Angeklagten kannten, hielten ihn für sehr kalt, weil er so wenig geneigt war, den Vorschriften irgendwie eine mildere Auslegung zu geben. Andere bewunderten seine Unparteilichkeit. Alle aber waren überrascht, als der Richter schließlich selbst die Strafe auf Heller und Pfennig bezahlte. Er hatte damit zweierlei unter Beweis gestellt: seine Ehrfurcht vor dem Gesetz und sein Wohlwollen gegen den Mann, der es übertreten hatte. Er forderte die volle Buße, aber er bezahlte sie selbst.
Genau so hat Gott gehandelt, als er seinen lieben Sohn für unsere Sünde dahingab. Er hat die Strafe nicht erlassen, aber er hat sie selbst getragen. Sein eingeborener Sohn, der kein anderer ist als Gott selbst, hat die Schuld bezahlt, welche menschliche Sünde verwirkt hatte.
Ich denke gern an die Auswirkung der göttlichen Gerech-

tigkeit, die den Sünder zum Tode bringt. Ich werde nie müde, diese Gerechtigkeit zu verkündigen. Einige können diesen Gedanken nicht ertragen; aber mir scheint es unvermeidlich, daß die Sünde bestraft werden muß. Alle Grundlagen der Gesellschaft würden sonst zerstört.
Wenn man aus der Sünde eine Kleinigkeit macht, dann wird die Tugend zur Spielerei. Die Gesellschaft kann nicht bestehen, wenn die Gesetze ohne Strafgewalt sind, oder wenn diese Gewalt nur eine leere Drohung ist.
Wenn Menschen sich durch die Rücksicht auf das Recht oder auf das Wohl ihrer Mitbürger nicht von Verbrechen zurückhalten lassen, dann müssen sie bestraft werden. So verlangen wir es, und es ist natürlich, daß wir das tun; denn tief im Gewissen des Menschen besteht die Überzeugung, daß die Sünde bestraft werden muß, um das allgemeine Wohl zu sichern. Gerechtigkeit muß herrschen, das verlangt selbst die Menschenfreundlichkeit.
Ich für mein Teil schätze eine Errettung auf der Grundlage des Rechts. Eine Errettung, die das Recht verletzt, würde niemals die Forderung meines Gewissens befriedigt haben. Nein, laßt Gott gerecht sein, ob auch die Himmel zusammenbrechen! Laßt Gott den Spruch seines Gesetzes erfüllen, sonst wird der allgemeine Verdacht aufkommen, daß Gott nicht gerecht gewesen sei! Und wenn ein solcher Verdacht von der Allgemeinheit gehegt wird, so wäre damit die Ehrfurcht vor Gott geschwunden.
Nun aber lautet unsere Verkündigung: „Gott ist gerecht; er vollzieht das von seinem Gesetz angedrohte Gericht. Aber sein Sohn nimmt dies Gericht auf sich. Wir werden erlöst auf der Grundlage des Rechts.“

Angenehm in dem Geliebten

. . . zum Lobpreis der Herrlichkeit seiner Gnade, die er uns in dem Geliebten erwiesen hat. *Epheser 1, 6*

Welch gnadenvolle Kunde spricht unser Bibelwort aus! Wir denken dabei zunächst an die Rechtfertigung vor

Gott. Aber der Ausdruck schließt mehr in sich; er meint, Gegenstand des göttlichen Wohlgefallens zu sein.

Als Gott am Anfang sein vollbrachtes Schöpfungswerk betrachtete, sprach er: „Es ist sehr gut!" Und wenn Gott auf seine Kinder in Christus blickt, sagt er dasselbe: „Sehr gut!"

Ja, wenn Gott sagt, daß erlöste Sünder „angenehm in dem Geliebten" sind, dann scheint mir, das sei noch mehr als sehr gut. So gut sind wir, wie alle Werke seiner Hände nie sein konnten; wir sind ja angenehm gemacht durch die Gerechtigkeit Jesu Christi, mit Wohlgefallen angesehen um seines Sohnes willen, den er über alles liebt.

Und das ist nicht alles. Wenn es heißt: „Angenehm gemacht in dem Geliebten", dann liegt darin, daß diese Wesen, die nun angenehm gemacht wurden, ein Gegenstand seiner göttlichen Wonne sind.

Teure Freunde, es spricht sich überschwenglich große göttliche Gnade darin aus, daß wir, die sterblichen Sünder, Gegenstand der Wonne für Gott sein sollen. Wenn Gott seine Wonne an sündhaften Menschen hat, weil sie in Christus sind, dann ist das ein Wunder über alle Wunder, ein Wunder, das selbst die Engel nicht begreifen.

Wenn wir schon zehntausend Jahre im Himmel gewesen sind, so wird es immer noch unbegreiflich für uns sein, daß Gott an uns etwas gefunden haben kann, das ihm wohlgefiel.

Daß er Mitleid mit uns hat, uns Gnade erzeigt, kann ich verstehen; aber daß wir ein Gegenstand seiner Wonne werden können, wird immer unfaßbar sein. Die unendliche Seele des Allerhöchsten soll solch ein armseliges, gefallenes Geschöpf wie den Menschen nicht nur mit Liebe überschütten, sondern Wohlgefallen an ihm haben?! Der ewige Gott, der alles in allem erfüllt, soll seinen Geist ausgießen auf eine Kreatur, die sich wider ihn aufgelehnt hat? – Besingt's, ihr Geister vor dem Thron, mir fehlen die Worte!

Das alles geschieht „in dem Geliebten". Ein jeder von uns weiß, daß es keinen anderen Weg gibt.

Möchtest du lieber durch eigene Anstrengung angenehm gemacht werden? Adam war, solange er im Gehorsam blieb, angenehm durch sein eigenes Handeln. Aber wie bald fiel er! Und von da an war er nicht mehr angenehm. Er stand auf eigenen Füßen, und darum fiel er bald zu Boden. Sage deshalb nie: „Wie gern möchte ich aus eigener Kraft vor Gott als ein vollkommen gerechter Mensch erscheinen!“ Du wärest dann nicht halb so sicher geborgen wie jetzt „in Christus“.

Ich möchte mein Heil nicht auf den Willen und das Streben eines irrenden Geschöpfes bauen; ich hätte dann auf Sand gebaut.

Jedenfalls ist es das allerbeste, wenn man „in Christus“ ist; denn er kann nicht fehlen. „In Christus“ ist man angenehm gemacht in einem, der sich niemals ändert; in einem, der allezeit vollkommen ist und darum allezeit der Geliebte Gottes bleibt.

Seliger Glaube, der über die eigene Person, das eigene Können und Wollen hinausgeht! Freudiges Vertrauen, das auch in den dunkelsten Nächten und mitten in den Schmerzen tief empfundener Sündhaftigkeit doch die völlige Gerechtigkeit rühmt, angenehm gemacht zu sein „in dem Geliebten“!

Freigesprochen!

In diesem haben wir die Erlösung durch sein Blut, nämlich die Vergebung unserer Übertretungen, nach dem Reichtum seiner Gnade.
Epheser 1, 7

Denken wir uns, wir würden jetzt vor den Richterstuhl des Gesetzes gestellt. Sofort verklagt es uns, daß wir die Gebote Gottes übertreten haben. „Jedes, aber auch jedes Gebot hat er übertreten, entweder in Gedanken, in Worten oder in Taten“, so lautet die Anklage.

Da steht der barmherzige Heiland auf, der große Fürsprecher für die Sünder. Er sagt: „O Gerechtigkeit, ich stelle nicht in Abrede, daß diese Menschen gesündigt haben! Ich bekenne vielmehr in ihrem Namen, daß ihre Sünde groß und schwer ist. Aber ich mache für sie geltend, daß ihre Sünde schon gestraft *ist,* gestraft *an mir.* Ich

liebte diese schuldigen Sünder schon, ehe der Welt Grund gelegt war, und aus Liebe zu ihnen nahm ich ihre Schuld auf mich, und darum liegt sie nun nicht mehr auf ihnen. Ich habe an ihrer Statt gelitten, darum kannst du diese Übertretung nun nicht zum zweitenmal an ihnen heimsuchen. Du hast *mich* ja zerschlagen, wie könntest du *sie* dann noch einmal zerschlagen! Ich weise hin auf mein Blut, auf diese Wunden, die die Nägel und der Speer mir verursachten. Ich mache geltend meine Tränen, mein Seufzen und meinen Tod. Das alles habe ich ja *nur um ihretwillen* erduldet. Darum mußt du sie nun ungestraft ausgehen lassen, sonst wärst du nicht mehr gerecht."
So herrlich tritt unser Fürsprecher für uns ein! Wer kann da noch beschuldigen!?

Aber nun tritt das Gesetz auf. „Zugegeben, daß die Schuld dieser Leute durch dein Sühneopfer getilgt ist, so verlange ich doch die Aufrechterhaltung des göttlichen Gesetzes. Die Menschen waren ja nicht nur verpflichtet, sich jeder Sünde zu enthalten, sondern auch verbunden, Gott zu lieben und zu dienen von ganzem Herzen und mit allen Kräften der Seele. Weil sie das nicht getan haben, können sie nicht in das Reich Gottes eingebürgert werden. Wie könnten sie belohnt werden für etwas, das sie nicht geleistet haben!?"

Wir müssen verstummen. Wir liebten Gott ja nicht, wir liebten uns selbst, liebten die Welt und die Sünde. Wir können auch nicht sagen: „Meine Gebete, meine Loblieder, meine guten Werke geben mir ein Anrecht auf das Heil." Wir wissen es besser. Wir fühlen, daß wir nichts aufweisen können von der geforderten Liebe zu Gott.
Aber noch einmal tritt auch der Heiland auf und spricht: „Ich bin von Gott zu ihrem Stellvertreter gesetzt; was ich vollbracht habe, das haben sie getan. Und ich habe das ganze Gesetz nicht nur nach seinem Wortlaut, sondern auch nach seinem Geist erfüllt. Ich habe den Willen Gottes getan von ganzer Seele und mit allen Kräften; ich habe Gott geliebt, tiefer und reiner, als je ein Mensch es könnte. Habe ich damit nicht jede, aber auch jede deiner Forderungen erfüllt?"
Und nun neigt das Gesetz sich vor dem Heiland und

spricht: „O Jesus, du hast eine bessere Gerechtigkeit erworben, als diese Menschen es je hätten tun können! Du hast Gerechtigkeit Gottes statt der Gerechtigkeit der Menschen dargebracht. Du hast deine eigene Vollkommenheit dargestellt und sie statt der Vollkommenheit der Menschen hingegeben, die doch nur wie ein unflätiges Kleid gewesen wäre. Du hast Schuld bezahlt und Vollkommenheit gewirkt, hast Zorn abgewendet und Liebe dargebracht. Alles ist geschehen, was ich fordern konnte und fordern mußte; der Schuldige ist frei.
Geliebte, „wer will die Auserwählten Gottes beschuldigen? Gott ist hier, der da gerecht macht. Wer will verdammen? Christus ist hier, der gestorben ist, ja vielmehr, der auch auferweckt ist, welcher ist zur Rechten Gottes und vertritt uns."

Gnadentiefen

... und zwar als wir tot waren durch unsere Übertretungen, zugleich mit Christus lebendig gemacht – durch Gnade seid ihr gerettet worden! *Epheser 2, 5*

Wenn ich zurückdenke an alle meine Aussprachen, die ich mit heilsverlangenden Menschen hatte, kann ich Gott nur für seine Gnade preisen.
Manche kamen, die in gottesfürchtigen Kreisen geboren und erzogen waren; ich dankte Gott, der sie vor so vielem Bösen bewahrt hatte. Andere haben mich in Sündentiefen schauen lassen, daß ich entsetzt war. Bei diesen wollte es zuerst mit dem Erzählen nicht recht vorangehen, es kamen nur Seufzer und Tränen. Aber wenn alles aufgedeckt, vom Herzen heruntergeredet war, dann saßen zwei da und weinten miteinander, der eine, weil ihm Gnade widerfahren war, der andere, weil er dieselbe Gnade wiedererkannte, die auch ihn vor Jahren errettet hatte und die ihn nun in den Stand setzte, einem sündengebeugten Menschenkind den Weg des Heils zu zeigen.
Wenn große Sünder ihre Erfahrungen erzählen, dann sind sie geradeaus, unumwunden und unmißverständlich. Da wird nichts vertuscht. Da wird auch nicht lange gegrübelt,

wann und wie sie bekehrt wurden; da ist nichts als lauter Dank, daß die Stricke Satans jetzt zerrissen sind. Sie sagen: „Es muß von Gott sein. Es ist eine solche Veränderung in mir vorgegangen, als wenn ein Löwe in ein Lamm, der Rabe in eine Taube verwandelt wäre. Das konnte nur göttliche Gnade zuwege bringen."

Jawohl, in großen Sündern offenbart sich Gottes errettende Barmherzigkeit besonders herrlich und groß.

Manchmal werden große Sünder deshalb von Gott berufen, damit auch andere gelockt werden, die scheinbar hoffnungslos gebunden sind. Wenn einer, der tief im Schlamm steckt, doch Gnade findet, dann sagt ja mancher seiner Gefährten unwillkürlich: „Nun ist auch für mich noch Rettung zu erhoffen!" Darum freue ich mich von Herzen, daß in der Bibel erzählt wird von der Wiederannahme des David nach seinem tiefen Fall und von dem göttlichen Auftrag, der dem ehemaligen Christenverfolger Saulus erteilt wurde.

Die Gottlosen suchen sich aus der Bibel die Geschichten von der Sünde der Berufenen Gottes heraus, spotten darüber und sagen: „Das sind eure Heiligen; seht sie euch genau an!"

Das können wir leicht ertragen. Wir wissen, die Bibel verschweigt die Schattenseiten ihrer Großen nicht, wie die weltliche Geschichtsschreibung das immer getan hat. Aber die Bibel kann dann auch von der erwählenden Gnade Gottes berichten, die diese Menschen trotzdem selig machte und zu großen Dingen gebrauchte.

Ich glaube, daß der Fall Davids unter Tausenden von Sündenfällen ganz einzig dasteht. Der Anstoß, den er durch seine Sünde bei seinen Lebzeiten gegeben hat, war schmerzlich und groß; aber der unberechenbare Segen, der der großen Gemeinschaft der Gläubigen aller Zeiten und Völker aus seinen Bußpsalmen erwuchs, übertrifft weit den Schaden, den sein Fall damals verursachte.

Das kann dem Sünder nicht als eine Minderung seiner Schande angerechnet werden; aber dem Heiland erwächst daraus um so größere Ehre, weil da, wo die Sünde zuerst so mächtig war, die Gnade sich doch noch als weit mächtiger erwies.

Wir können diese Flecken schon ertragen. Gottes unbegreifliches Erbarmen hat daraus helles Licht für arme Sünder hervorleuchten lassen.
Ihr Sünder alle, zählt euch meinetwegen zu den Menschen geringer Übertretung, wenn euer Leben nie von grober Missetat befleckt worden ist, aber laßt euch wenigstens herbeilocken durch die Tatsache, daß große Sünder zu Jesus kamen und errettet wurden!
Die Errettung der Vornehmsten unter den Sündern ist auch darum von besonders großem Segen, weil gerade sie nachher die größten Hasser und Feinde der Sünde werden. „Gebrannte Kinder scheuen das Feuer!"
Als ich mich einmal auf einer Predigtreise befand, beobachtete ich, daß der Wirt des Gasthauses, in welchem ich übernachtete, besonders vorsichtig mit Feuer und Licht umging. Als ich nach dem Grunde fragte, erfuhr ich, daß dem Manne schon einmal das Haus über dem Kopfe abgebrannt war. Das sagte alles.
Und ganz ähnlich ist es, wenn Menschen tiefe Wunden durch die Sünde davongetragen haben: Sie hassen sie von Herzensgrund. Welch einen Abscheu hegte doch der Apostel Paulus gegen die Sünde! Keine reinere Freude gab es für ihn, als wenn er dem Satan Abbruch tun konnte. Seelen aus der tiefen Not der Gottesferne zu erretten, war ihm Lebenselement; er kannte ja diese Not aus eigenster, schmerzlicher Erfahrung.
Ihr seht, die vornehmsten Sünder werden nach ihrer Errettung die eifrigsten Heiligen. O, welch eine Tiefe der Gnade!

Einmalige Vergebung und tägliche Vergebung

Zeigt euch vielmehr gütig und herzlich gegeneinander und vergebt einer dem andern, wie auch Gott euch in Christus vergeben hat!
Epheser 4, 32

Ich habe oftmals unerfahrene Christen fragen hören, weshalb sie jeden Tag bitten sollten, daß ihnen ihre Sünden vergeben werden möchten, wenn sie doch einmal begnadigt seien. Darauf will ich jetzt antworten.

Wir lehren und behaupten es immer wieder kühnlich, daß einem Menschen, wenn er Christus im Glauben annimmt, alle seine Sünden vergeben sind, die vergangenen, die gegenwärtigen und die zukünftigen, alle sind getilgt, insofern es Gott, den Richter, betrifft.

Dennoch aber leitet unser Meister und Herr uns immer wieder an, zu sprechen: „Vergib uns unsere Schuld, wie wir vergeben unseren Schuldigern." Da entsteht doch die Frage: Wie können wir bitten um etwas, was wir schon besitzen? Warum Vergebung erflehen, die wir doch erlangt *haben?*

Die Schwierigkeit liegt darin, daß wir das ganz andere Verhältnis übersehen, in welchem wir nun zu Gott stehen, da wir Christus angenommen haben. Als ein Sünder komme ich zum Heiland und glaube an ihn, da ist Gott mein *Richter.* Er nimmt das große Schuldbuch, streicht meine Sünde aus und spricht mich frei. In demselben Augenblick nimmt er mich auf in seine Familie. Nun stehe ich in einem ganz anderen Verhältnis zu ihm. Ich bin nicht nur sein Untertan, sondern vielmehr sein Kind. Er ist mir nicht mehr ein Richter, sondern er ist mein *Vater* geworden.

Nun habe ich neue Richtlinien, neue Gesetze, stehe in einer ganz anderen Zucht. Ich genieße jetzt eine ganz andere Behandlung, habe einen völlig neuen Gehorsam.

Wenn ich nun doch wieder Unrecht tue, was geschieht dann? Kommt der Richter und fordert mich? Nein, ich habe keinen Richter mehr, ich habe einen Vater. Aber der Vater ruft mich nun vor sein Angesicht. Er zürnt mir, ja, er nimmt die Rute und züchtigt mich. Niemals aber züchtigt er mich so wie damals, als er mein Richter war. Damals drohte er mit der Axt: „Haue ihn ab!" Nun ich aber sein Kind bin, hat er keine Axt mehr, mich damit abzuhauen. Aber er gebraucht die Rute. Wenn ich Unrecht tue, wie das leider täglich geschieht, so bin ich verpflichtet, zu ihm als zu meinem Vater zu gehen und zu sagen: „Vater, vergib mir diese Sünden, wie ich denen vergebe, die gegen mich sündigen." Da wir, du und ich, noch jeden Tag sündigen, nicht gegen Gott als den Richter, sondern gegen ihn, als den Vater, so ziemt es uns, jeden Tag Vergebung zu erbitten.

Wenn wir das nicht tun, dann wendet der Vater die Rute an, wie er es bei Hiskia tat. Er schlug ihn, bis er todkrank ward. Da tat Hiskia Buße, und die Rute wurde weggelegt. Hiskia fühlte in seiner Seele: „Du wirfst alle meine Sünde hinter dich zurück."

Nicht anders war es bei David. Als er sündigte, verwarf ihn Gott, sein Vater, eine Zeitlang. Er entzog ihm seine Gegenwart und war zornig; aber wohlgemerkt, so zornig, wie ein Vater gegen sein Kind ist. Als David aber Buße tat, nahm ihn der Vater wieder an, so daß David singen konnte: „Da vergabst du mir die Missetat meiner Sünde."

Seht ihr nun, wie verschieden diese Vergebung von der ersten ist? Die erste war die Begnadigung von seiten eines Richters, diese ist die Verzeihung eines Vaters. Die erste löschte die Flamme der Hölle, diese entfernt die väterliche Rute. Die erste macht aus dem Rebellen einen begnadeten Sünder, die zweite empfängt das verirrte Kind, bringt es wieder in die Arme des Vaters.

Wenn das geschehen ist, erfüllt ein stiller, tiefer Friede das Herz. Diese Freude ist vielleicht nicht so stürmisch als beim ersten Male, als der Richter die Schuld erließ, aber sie ist wie ein Wasserstrom, so tief und stark.

Diese Freude erzeugt in dem wieder angenommenen Kind die heilsamsten und gesegnetsten Wirkungen. Es wird dankbar gegen Gott für die Züchtigung, die es empfangen hat, die ihm aufs neue zeigte, wie nötig es den Heiland hat. Hinfort vermeidet es die Sünden, womit es seinen Gott betrübte. Es wandelt vorsichtiger und gewissenhafter als zuvor. Es lebt näher bei Gott, ist fleißiger im Gebet, demütiger und zugleich zuversichtlicher, als es vorher war. Das Licht wurde ihm entzogen, damit es bald in doppelter Helligkeit erscheinen könnte.

Der Schild des Glaubens

Zu dem allem ergreift noch den Großschild des Glaubens, mit dem ihr alle Brandgeschosse des Bösen zum Verlöschen werdet bringen können. *Epheser 6, 16*

Man muß den Schild des Glaubens nicht allein besitzen, man muß ihn auch mit sich führen. Das wäre wahrlich ein törichter Streiter, der in der Stunde der Gefahr sagen müßte: „Meinen Schild habe ich – zu Hause." Es gibt ja solche Bekenner; sie haben einen solchen Glauben, der ihnen gerade dann nicht zur Hand ist, wenn sie ihn nötig brauchen. Wenn keine Feinde sie bedrohen, dann haben sie ihn bei sich; wenn es ihnen gut geht, dann können sie glauben, aber gerade, wenn Not am Mann ist, dann läßt ihr Glaube sie im Stich.

Nein, die rechte Kunst besteht darin, den Schild des Glaubens mit sich zu führen und ihn recht gebrauchen zu können. Ich will euch sagen, wie das geschehen muß. Ihr haltet den Schild richtig, wenn ihr den Angriffen des Feindes die Verheißungen Gottes entgegenhaltet.

Der Teufel wird sagen: „Ihr werdet in Armut und Mangel geraten."

„Nein!" ruft dann der Gläubige, der den Schild gut zu führen versteht, „Gott hat gesagt: ‚Ich will dich nicht verlassen noch versäumen.' ‚Sein Brot wird ihm gegeben, sein Wasser hat er gewiß.' "

„Aber du wirst eines Tages durch die Hand deiner Feinde fallen", raunt der Satan.

„Mitnichten", antwortet der Glaube; „denn ich bin des in guter Zuversicht, daß, der in mir angefangen hat das gute Werk, der wird es auch vollführen, bis auf den Tag Jesu Christi."

„Mag sein", geht die Auseinandersetzung weiter; „aber die Verleumdung deiner Gegner wird dich stürzen."

„Niemals!" widerlegt der Erlöste kühn. „Denn wenn Menschen wider mich wüten, so legt er Ehre ein, und wenn sie noch mehr wüten, so ist er auch noch gerüstet."

„Ach, was da!" schießt der Satan einen feurigen Pfeil. „Du bist schwach, ergib dich!"

„Du hast ganz recht“, gibt der Jünger Jesu zurück und deckt sich hinter seinen Schild, „aber es steht geschrieben: ‚Meine Kraft ist in den Schwachen mächtig. Darum will ich mich am allerliebsten meiner Schwachheit rühmen, auf daß die Kraft Christi bei mir wohne.‘ “
„Ha“, lacht der Satan höhnisch, „deine Sünde ist sehr groß!“
„Ach das stimmt“, lautet die unerschütterte Erwiderung, „aber ich stütze mich auf das Gotteswort: ‚Er kann seligmachen aufs völligste, die durch ihn zu Gott kommen‘ “.
Der Satan läßt noch nicht nach. Er zieht sein Schwert, daß es in der Sonne blitzt, und führt einen furchtbaren Streich: „Gott hat dich ja verworfen!“
Nur einen Augenblick schrickt der Glaube zusammen, dann spricht er triumphierend: „Jesus hat gesagt: ‚Ich gebe meinen Schafen das ewige Leben, und sie werden nimmermehr umkommen, und niemand wird sie aus meiner Hand reißen!‘ “
Sieh, so mußt du den Schild des Glaubens gebrauchen, dann wird der Sieg dir gehören!

Volle Deckung

Zu dem allem ergreift noch den Großschild des Glaubens, mit dem ihr alle Brandgeschosse des Bösen zum Verlöschen werdet bringen können. *Epheser 6, 16*

Gleich den Spartanern ist jeder Christ ein geborener Kämpfer.
Einem dieser jungen Streiter überreichte seine Mutter beim Abschied den Schild mit den Worten: „Entweder mit ihm oder auf ihm, sonst kehre nie zurück!“ Sie wollte sagen, daß es eine Schmach für die Mutter, für die Familie, ja für das ganze Land sei, wenn ein Spartaner ohne seinen Schild zurückkehre. Er mußte ein Feigling sein, der entweder seinen Schild nicht zu gebrauchen verstanden oder nicht zu sterben gewußt hatte.
Es gab nur zwei Möglichkeiten für diese kampfesmutigen Helden: Entweder kamen sie als Sieger heim, den Schild

am Arme, oder sie waren ehrenvoll gefallen. Dann war ihr Schild die Totenbahre, auf der sie heimgetragen wurden.

Der Schild war also das wertvollste Stück der Ausrüstung jener Streiter. Mit Recht! In ihm lag ihre ganze Sicherheit. Hinter ihm fanden sie volle Deckung.

So verleiht auch unser Glaubensschild, von dem Paulus spricht, unübertreffliche Sicherheit, volle Deckung.

Wenn Satan gegen unser Haupt oder Herz anstürmt, indem er uns lästerliche Gedanken eingibt, oder uns mit bestechenden Religionslehren irreleiten will, wenn er uns in die Versuchung führt, Wahrheiten zu bezweifeln, die wir als göttlich erkannt haben, so beschützt nur ein völliger Glaube an Christus. Dieser Glaube allein setzt uns in den Stand, festzuhalten, was wir angenommen haben und was durch die Erfahrung unser Eigentum wurde. Wankelmut in der Lehre hat seinen Grund in der Schwäche des Glaubens.

Schlägt der Feind nach dem wehrhaften Arm eines Christen, um ihn zum weiteren Kampfe unfähig zu machen oder womöglich zu entwaffnen, so schützt wieder einzig der Glaube. Hat er den Schild des Glaubens am Arm, so kann er Taten tun für seinen Herrn, er kann vorwärts dringen und einen Sieg nach dem anderen gewinnen.

Ist der Angriff aber gegen seine Füße gerichtet, um den Gläubigen in seinem täglichen Wandel zum Straucheln zu bringen, dann deckt wiederum der Glaube den Streiter Jesu Christi bis zum Erdboden hin, daß er sichere Tritte tun kann selbst auf schlüpfrigem Boden. Sein Fuß gleitet nicht, und der Feind kann nicht über ihn triumphieren.

Es kann auch sein, daß die Pfeile des Bösewichts auf unsere Knie zielen. Er versucht, uns im Gebet nachlässig zu machen, oder er flüstert uns ein, Gott verwerfe unser Schreien und achte nicht auf die Stimme unseres Flehens. Aber im Glauben finden wir auch hier volle Deckung, können mit aller Zuversicht den Verheißungen Gottes trauen und dem Gnadenthron nahen.

Nehmt an, daß der Stoß gegen unser Gewissen gerichtet sei und seine Wucht durch die Erinnerung an eine kürzlich begangene Sünde bekomme, so beschützt trotz alle-

dem der Glaube unser Gewissen, denn die Zusicherung völliger Vergebung macht alle Streiche des Feindes zunichte mit dem köstlichen Wort: „Das Blut Jesu Christi macht uns rein von *aller* Sünde!"
Seht, so ist kein Glied unseres inneren Menschen unbeschützt. Mag der Satan uns auf alle mögliche Weise und mit jeder erdenkbaren Tücke angreifen, wir haben volle Deckung im Glauben an das für uns vergossene teure Blut.

Jesu Hoheit in der Knechtsgestalt

Nein, er entäußerte sich selbst (seiner Herrlichkeit), indem er Knechtsgestalt annahm, ganz in menschliches Wesen einging und in seiner leiblichen Beschaffenheit als ein Mensch erfunden wurde. *Philipper* 2, 7

Wie tief mußte der Herr sich herablassen! Seine Liebe zwang ihn zum Äußersten. Wäre er nicht so tief herabgestiegen, so hätte er uns ja nicht in unserem Elend ergreifen und daraus hervorziehen können.
Man darf aber bei all seiner Erniedrigung nie vergessen, daß er selbst in der tiefsten Schmach der Herr des Alls, göttliche Majestät war! Er hatte zwar den himmlischen Glanz der Herrlichkeit seines Vaters mit der Niedrigkeit des Zimmermanns von Nazareth vertauscht, und dennoch – ein Blick seiner Augen hätte genügt, die Schar römischer Soldaten zu vernichten. Ein Wort seiner fest geschlossenen Lippen würde den Palast des Pilatus vom Dach bis zu den Grundfesten erschüttert haben. Aber er wollte nicht. Der unschlüssige Landpfleger nebst seiner ganzen Heeresmacht wäre lebendig in die Hölle gefahren wie seinerzeit die Rotte Korah. Aber er wollte nicht.
Freiwillig trägt Gottes eingeborener Sohn, der Liebling des Himmels, der Fürst der Könige auf Erden, die stachelige Dornenkrone, die beides, Leib und Seele, gleicherweise verwundet: die Seele durch den Schimpf, den Leib durch die Wunden und Risse, die sie verursachte. Sein „Haupt voll Blut und Wunden, voll Schmerz und voller

Hohn" ist auf das äußerste entstellt, und doch war jenes teure Antlitz schöner als je eins der Menschenkinder. Der Dichter sagt es:

„So, wie er am verhöhnt'sten,
so ist er mir am schönsten;
ich werd' des Blicks nicht satt."

Und nun, mein Bruder, erwächst dir daraus eine Aufgabe: Du sollst seinen Tod rächen! „Seinen Tod rächen?" fragst du betroffen. „An wem denn?" Nun, an wem anders als an seinen Mördern! „Und wer sind diese Mörder? Das sind unsere Sünden, unsere blutroten Sünden!"

„Jede Sünde ward zum Nagel,
und der Unglaub' ward zum Speer."

Schon der bloße Gedanke an die Sünde, die Jesus dem Tode überantwortete, sollte uns zum Haß gegen sie reizen, zum unversöhnlichen Haß. Wenn ich daran denke, daß meine Sünde meinen Heiland an das Fluchholz heftete, ihm die Krone vom Haupt und allen Trost aus dem Herzen raubte, ihn dem Tale der Todesschatten überlieferte, so schwöre ich ihr Rache. Krieg soll sein zwischen mir und ihr. Im Namen des Herrn will ich sie zerhauen und auch kleine Fehler, Torheiten und böse Angewohnheiten nicht verschonen, weil sie meinen Heiland umbrachten.

Seid heilig, seid rein, seid abgesondert von den Sündern um Christi willen, meine Brüder! Um jeden Preis habt nichts mit der Sünde zu schaffen! Scheut, flieht und haßt sie wie Gift!

Rechne mit Gott!

Alles vermag ich in ihm (= durch ihn) der mich stark macht. *Philipper 4, 13*

Der Herr muß manchmal hören, wie seine Jünger untereinander abschätzen, wie gering die Zahl der Helfer ist und wie winzig die Mittel sind, die ihnen zur Verfügung stehen, wie wenig sie also ausrichten können bei wachsenden Widerständen. Und Gott sieht ihnen dabei über die Schulter, prüft ihre Aufrechnungen und sagt zuletzt: „Für

wieviel rechnet ihr mich? Ihr sprecht von ‚Vorsehen' und vergeßt die Vorsehung Gottes. Ihr redet viel von ‚Wirken' und denkt nicht an euren Gott, der ‚in euch wirket das Wollen und Vollbringen nach seinem Wohlgefallen'."
Wie oft haben kluge Leute an meinen Rockschößen gezupft und gesagt, ich wäre in meinen Anstalten und Unternehmungen zu weit gegangen! Ob ich wirklich die Aussicht hätte, das alles durchzuführen? – Nein, ich konnte nicht damit rechnen, ausgenommen, daß ich Gott glaubte und daß mit ihm *alle* Dinge möglich sind.
Ich erinnere euch an Josua. Der hatte noch viel Größeres übernommen. Zwei Millionen Menschen sollten täglich versorgt werden, dabei gab es kein Manna mehr, nun das Volk sich dem Gelobten Lande näherte. Eine fast unerfüllbare Aufgabe hatte nach Moses Tod sein Nachfolger übernommen. Da blieb nur eins – nein, nur einer übrig: Gott! Und Gott ließ nicht auf sich warten. Er erschien Josua und sagte: „Ich will dich nicht verlassen noch von dir weichen." Darum wurde Josua nicht zuschanden.
Und nun du! Du sorgst und rechnest, kannst nicht essen und hast schlaflose Nächte, weil so große Aufgaben vor dir liegen. Du hast recht, deiner Sorgen, Nöte und Aufgaben ist eine große Menge. Zuviel für dich! Aber auch zuviel für Gott? Versuche es mit ihm, und du wirst nicht zuschanden werden.

„Mit Sorgen und mit Grämen
und selbstgemachter Pein
läßt Gott sich gar nichts nehmen,
es muß erbeten sein!"

Nur Entschiedenheit macht uns zu gesegneten Menschen

Weiter nun, liebe Brüder, bitten und ermahnen wir euch in dem Herrn Jesus, daß ihr ganz so, wie ihr es von uns vernommen habt, auf welche Weise ihr wandeln und zu Gottes Wohlgefallen leben müßt, – ihr wandelt ja auch wirklich so –, daß ihr darin immer noch zunehmet (oder: vollkommener werdet); und ihr beweist das auch durch die Tat an allen Brüdern in ganz Mazedonien. Doch ermahnen wir euch, liebe Brüder, darin noch vollkommener zu werden.

1. Thessalonicher 4, 1. 10

Du verlierst deine Kraft, o Jünger Jesu, in dem Augenblick, wo du vom rechten Pfade weichst. Was werden wohl die Nichtchristen hinter deinem Rücken sagen, wenn sie dich so zweideutig sehen? Sie werden spottend erzählen: „Dessen Frömmigkeit ist nicht weit her. Er ist nicht aufrichtig, er treibt Spiegelfechterei."

Wenn die Welt den ernsten Christen auch öffentlich auslacht, insgeheim bewundert sie ihn doch. Ob sie will oder nicht, sie muß anerkennen, daß er Grundsätze hat und nach ihnen handelt. In einer Zeit wie der unseren, wo Schlaffheit und Oberflächlichkeit im Denken und Handeln die Herrschaft haben, bleibt es doch noch eine Tatsache, daß ein Mann, der in seinem Glauben entschieden ist, den Menschen stille Achtung abnötigt.

Verlaß dich darauf, daß deine Angehörigen, die noch in der Welt stehen, dich darum nicht höher achten werden, wenn du ihnen zuliebe ein wenig von deinem Christentum preisgibst! Nein, sie werden dich deshalb nicht höher achten, sondern umgekehrt.

Ihr jungen Menschen, wenn ihr euch um Christi willen vom Wesen der Welt unbefleckt erhaltet, wenn ihr nicht über ihre losen Späße lacht und nicht an ihrem zweifelhaften Zeitvertreib teilnehmt, sondern fest steht im Glauben, dann werden die Engel Gottes euch zur Seite stehen, und die Weltlinge werden unverrichteter Sache von euch ablassen und euch mit einer gewissen Scheu gegenüber-

stehen. Ja, sie werden euch im stillen bewundern und im Grunde wünschen, so zu sein, wie ihr seid.
Nur als entschiedener Jünger Jesu könnt ihr gesegneten Dienst für euren Meister tun. Denen, die zur Welt neigen, stellt er sich selber in den Weg, wenn sie von ihm zeugen wollen, mit den Worten: „Was verkündigst du meine Rechte und nimmst meinen Bund in deinen Mund?“ Den Aufrichtigen aber gilt seine Ermunterung: „Ich habe dich den Leuten zum Zeugen gestellt“ und wiederum: „Ich will Frucht der Lippen schaffen.“

Wie werde ich meines Heils gewiß?

Zuverlässig ist das Wort und wert, daß alle es annehmen: „Christus Jesus ist in die Welt gekommen, um Sünder zu retten“, unter denen i c h der erste (= vornehmste) bin.
1. Timotheus 1, 15

Das kann ganz verschieden zugehen. Manche Leute bekamen das Bewußtsein der Vergebung in einem Augenblick. Sie lasen vielleicht das Wort Gottes; da schien sich irgendein Text mit einem Male über alle seine Brüder zu erheben und in himmlischem Glanze zu erstrahlen. Es war, als wenn dieser Text ihrem Herzen aufgedrückt wurde. Etwa der: „So kommt denn und laßt uns miteinander rechten! Wenn eure Sünde blutrot ist, soll sie doch schneeweiß werden, und wenn sie gleich ist wie Rosinfarbe, soll sie doch wie Wolle werden.“ Oder jener andere: „Das ist je gewißlich wahr und ein teuer wertes Wort, daß Christus Jesus gekommen ist in die Welt, die Sünder selig zu machen.“
Solch ein Mensch, der sich zuvor voll Trauer und Verzagtheit dahinschleppte, wird in dem Bruchteil einer Minute in lauter Licht und Leben, Freude und Wonne versetzt. Wenn er mit einem einzigen Schritt aus der Hölle in den Himmel hätte steigen können, so wäre der Umschwung in seiner Seele nicht gewaltiger gewesen als jetzt. Statt des mühseligen und beladenen Herzens wurde ihm ganz plötzlich ein leichtes und frohes Herz geschenkt. Eben

kam er sich noch vom Kopfe bis zu den Füßen schwarz vor, nun sieht er, daß er in dem Blute Jesu rein gewaschen und mit dem schneeweißen Gewand der Gerechtigkeit Christi bekleidet ist.

Bei anderen Menschen erwuchs diese Gewißheit der Vergebung nur langsam. Es begann mit einem schwachen Hoffnungsschimmer; aber dies Licht nahm immer mehr zu, bis endlich auf den Morgenstern der Hoffnung die Sonne der Gerechtigkeit folgte.

Ich habe einige Leute kennengelernt, welche in einem Augenblick Frieden erlangten, während andere Monate, ja Jahre gebraucht haben, bis sie feste und sichere Tritte tun konnten und es endlich über ihre Lippen floß: „Ich weiß, an wen ich glaube, und bin gewiß, daß er das mir beigelegte Gut bewahren kann."

Es mag ausnahmsweise auch wohl ein merkwürdiges Walten der Vorsehung der Weg sein, der zur völligen Heilsgewißheit führt. Ein ganz seltsames Beispiel dafür hörte ich von einer Frau, die fleißig zum Gottesdienst ging, aber am liebsten solche Predigten hörte, die das Gericht Gottes in düsteren Farben malten. Dadurch wurde sie in ihrem Gemüt so völlig zerbrochen, daß sie nach zehn Jahren der Verzweiflung anheimgefallen war und bestimmt glaubte, für sie gäbe es keine Hoffnung mehr. Es schien, daß in diesem besonderen Fall ein Wunder geschehen müsse, wenn sie überhaupt zum Ergreifen der Gnade gebracht werden sollte. Eines Tages war sie von einem hervorragenden Prediger in ein Gespräch über ihre Hoffnungslosigkeit verwickelt worden. In der Erregung der Auseinandersetzung nahm sie eine venetianische Vase aus dünnstem Glas in die Hand und schleuderte sie auf den Fußboden, indem sie ausrief: „So gewiß dies Glas in tausend Scherben zerspringt, so gewiß bin ich verloren!" Was aber geschah? Zu ihrem maßlosen Erstaunen zerbrach das Glas nicht; es hatte nicht einmal einen Sprung.

Von diesem Tage an glaubte sie, daß Gott zu ihr geredet habe. Sie öffnete ihre Ohren nun willig der Botschaft des Heils, und tiefer Friede strömte in ihr Herz.

Ich erwähne dies Erlebnis als ein außerordentliches und einmaliges, das sich wahrscheinlich noch nirgend sonst in

ähnlicher Weise wiederholt hat. Es zeigt, daß Gott Mittel und Wege genug hat, eine Seele zu finden, die ernstlich um ihr ewiges Heil besorgt ist.
„Weg' hat er allerwegen, an Mitteln fehlt's ihm nicht!"

Vornehmste Sünder werden eifrigste Heilige

Aber gerade deshalb ist mir Barmherzigkeit widerfahren, weil Christus Jesus an mir als dem ersten die ganze Fülle seiner Langmut erweisen wollte, um an mir vorbildlich darzustellen, was für Menschen künftighin durch den Glauben an ihn zum ewigen Leben gelangen würden. *1. Timotheus 1, 16*

Wenn ich von vornehmsten Sündern rede, dann meine ich nicht nur solche, die selbst nach der Meinung der Welt schändlich gesündigt haben, sondern auch Gottesleugner und Gotteslästerer, die sich Gott und seinem Gesalbten geradezu widersetzen. Ich rede ferner von der Sippe derer, die von der Gottheit und der Person Jesu Christi unwürdig denken, und von solchen, welche die Jünger Jesu verfolgten, sowie von denen, die nicht bloß selber Eingeweihte und Priester in den Tempeln alles Bösen sind, sondern die auch andere lehren und zum Bösen erziehen, vor allem die Gläubigen vom rechten Wege abwendig machen möchten.
Denkt auch an solche, denen viel Licht geschenkt war, und die sich trotzdem und wider besseres Wissen und Gewissen versündigten, die den Weg der Wahrheit richtig erkannt hatten und dennoch verkehrte Wege einschlugen, oder an solche, die vor dem Allerhöchsten ein Gelübde ablegten und es später schmählich brachen.
Alle solche vornehmsten Sünder nimmt Christus doch an; ja, sie werden oft seine eifrigsten Jünger.
Warum handelt Gott so?
Weil dadurch seine freie, göttliche Gnade ins rechte Licht gerückt wird.
Über keinen Juwel in seiner Krone wacht Gott so eifersüchtig wie über seiner unumschränkten Macht. „Welchem

ich gnädig bin, dem bin ich gnädig, und welches ich mich erbarme, des erbarme ich mich." Wenn er nun den Verfolger seiner Auserwählten und den Lästerer des Kreuzes errettet und zu einem glücklichen Menschen macht, so müssen alle Leute mit Augen sehen, daß das Gottes Finger ist und daß er seine Güte walten läßt nach dem Vorsatz seines unumschränkten und unerforschlichen Willens. Er erwählt den „Vornehmsten" unter den Sündern, damit er allen Menschen zeige: „Das Unedle vor der Welt und das Verachtete hat Gott erwählt und das da nichts ist, daß er zunichte mache, was etwas ist, auf daß sich vor ihm kein Fleisch rühme."

Wer wird gekrönt?

Und wenn jemand auch am Wettkampf teilnimmt, empfängt er doch den Siegeskranz nicht, wenn er nicht ordnungsgemäß gekämpft hat. *2. Timotheus 2, 5*

Doch nicht der, der einen Anlauf nahm! Wie ernst ist in dieser Beziehung Gottes Wort! Der Apostel Johannes sagt von den Widerchristen seiner Zeit: „Sie sind von uns gegangen, aber sie waren nicht von uns; denn wo sie von uns gewesen wären, so wären sie ja bei uns geblieben; aber es sollte offenbar werden, daß sie nicht alle von uns sind." Sie waren keine Christen, sonst wären sie nicht so abtrünnig geworden.

Denselben Gedanken drückt der Apostel Petrus folgendermaßen aus: „Es ist ihnen widerfahren das wahre Sprichwort: ‚Der Hund frißt wieder, was er gespien hat', und: ‚Die Sau wälzt sich nach der Schwemme wieder im Kot.' " Er will sagen: Wenn Menschen unwillkürlich ihre Sünden aufgeben, nicht weil sie sie verabscheuen, sondern weil sie ihnen aus irgendeinem Grunde nicht frönen können, so üben sie voller Gier bald wieder aus, was sie scheinbar aufgegeben hatten, wenn sich die Gelegenheit dazu bietet.

Das Malzeichen der Gerechten ist die Beharrlichkeit. Durch den Glauben erlangen wir nicht allein das Leben,

wir bewahren es auch. „Der Gerechte wird seines Glaubens *leben*. Wer aber weichen wird, an dem wird meine Seele keinen Gefallen haben.“
Glaubt nun nicht, daß es sich bei denen, die nur einen Anfang machten, um dann wieder abzufallen, allein um junge Seelen handelt! Es ist eher zu beklagen, daß verhältnismäßig mehr Alte als Junge wieder abtreten vom rechten Wege. Wenn ihr in dieser Beziehung einen großen Sünder sucht, so findet ihr ihn in neun von zehn Fällen gewiß mit grauen Haaren auf dem Haupte. In der Heiligen Schrift trefft ihr nicht viele Beispiele dafür an, daß junge Christen ihrem Herrn den Rücken kehrten. Wenn ihr lest, daß Gläubige in Sünden und Torheiten fielen, dann werdet ihr sehen, daß es sich meist um Menschen im reiferen Alter handelte.
Da ist Noah; ihm lag schon der Schnee des Alters auf dem Haupte. Wir denken an Lot, der kein Kind mehr war, und an David, dem nicht mehr jugendliche Leidenschaft in den Gliedern brannte; und als Petrus seinen Herrn und Heiland verleugnete, befand er sich auch schon im reiferen Alter. Das waren Männer voll Erfahrung, Erkenntnis und Weisheit, und doch strauchelten sie.
Darum: „Wer sich läßt dünken, er stehe, der sehe wohl zu, daß er nicht falle!“

Unverwelkliche Freude

Zu einem unvergänglichen, unbefleckten und unverwelklichen Erbe, das im Himmel aufbewahrt ist für euch. 1. Petrus 1, 4

Wer hat je das Leben des Meeres einförmig genannt? Selbst für den Seemann, der auf seinen Reisen oft monatelang nichts anderes erblickt, liegt in dem ewigen Auf und Ab der Wogen und im weißen Gischt der tosenden Brandung, im lusterfüllten Wettlauf der Wellenrosse und im Kräuseln der tanzenden Wogenkämme stets neuer Reiz.
Wer hätte je geklagt, daß die Sonne so wenig Abwechslung bietet? Was tut's, wenn sie morgen dieselbe goldene Herrlichkeit über die Erde ausgießt, daß sie mit stets

gleicher Geschwindigkeit die Höhe ihrer Bahn erstrebt und jenseits ebenso schnell hinabeilt, um ihre glühende Kammer im Meer des Westens zu erreichen?
Wer wollte so undankbar sein, sich über das tägliche Brot zu beschweren, weil es unserem Gaumen nicht mit täglich neuen Reizen schmeichelt? Wir aßen es gestern, wir essen es heute, und wir werden es morgen wieder essen. Bei jeder Mahlzeit wird dasselbe, immer gleiche Brot aufgetragen; es ist und bleibt die unentbehrliche Grundlage unserer täglichen Ernährung.
Und nun übertragt diese irdischen Erfahrungen auf die himmlischen Geheimnisse. Ist Christus deine Speise, deine Sonne und dein Himmelslicht? Ist er das Meer der Liebe, in dem all dein Sehnen zur Ruhe kommt und alle Wonne verborgen ist? Wie könntest du dich als Christ dann über Einförmigkeit in seinem Wesen beklagen!? Er ist „derselbe gestern, heute und in alle Ewigkeit“, und dennoch schmückt ihn „der Tau seiner Jugend“. Er gleicht dem Manna im goldenen Krüglein, das sich immer gleich blieb; er gleicht aber auch dem Manna, das vom Himmel herniedergekommen, alle Morgen neu ist wie die Güte Gottes.
Wer ist wohl wie du, Jesu, süße Ruh'?

Von Beruf Kreuzträger

Denn dazu seid ihr berufen worden, weil auch Christus für euch gelitten und euch (dadurch) ein Vorbild hinterlassen hat, damit ihr seinen Fußtapfen nachfolget.
1. Petrus 2, 21

O gläubige Seele, die du ermüdet und entmutigt bist ob der Rauheit deiner Wege, schaue auf des Meisters Fußtapfen und siehe, was er erlitten hat!
Du wirst geprüft und betrübt, dich verlangt nach Aufrichtung. Was kann dich da besser trösten als die Tatsache, daß Christus Jesus mit dir eins ist in deiner Natur, daß er alles das zuvor gelitten hat, was du jetzt leidest, daß auf deinem Pfade schon längst vorher sein heiliger Fuß ging,

daß der Kelch, aus welchem du nun trinkst, von ihm bis auf den letzten Tropfen geleert worden ist, daß er selbst den Strom durchschritten hat, vor welchem du bangst.

Komm! Bist du noch widerspenstig, zu leiden, was dein Meister erlitten und erduldet hat? Folge ihm! Soll der Jünger über seinen Meister sein und der Knecht über seinen Herrn? Soll er am Kreuze sterben, und du willst nicht einmal das Kreuz tragen? Muß er sich krönen lassen mit einer Dornenkrone, und dich verlangt nach einem Lorbeerkranz!? Soll er sich Hände und Füße durchgraben lassen, und seine Jünger möchten, mit Ringen geschmückt, auf weichen Teppichen einhergehen?

Wirf diese Sinnestäuschung von dir! Schaue ihn an, der das Kreuz erduldete und der Schande nicht achtete! Zeige dich willig, alles zu ertragen wie er! Du hast an ihm ein Vorbild, das dich leiten, sein Mitleid, das dich trösten und erheben kann.

Soll uns seine Dornenkrone nicht ein mächtiger Antrieb zu brünstiger Liebe sein? Wer könnte ihn anschauen, „so blutig und so bleich zu sehen", ohne sich mit starkem Drange zu ihm hingezogen zu fühlen?! Mich dünkt, wenn er jetzt unter uns träte und wir alle ihn sehen könnten, es würde ein großes Gedränge entstehen. Jeder würde den Saum seines Gewandes anrühren und seine Hand fassen wollen.

O mein Heiland, du bist mir unaussprechlich teuer! Dein Name ist mir über alle Namen im Himmel und auf Erden köstlich. Siehe, hier bin ich, dein Knecht, der um jeden Preis in deine Fußtapfen treten möchte, der dir auch im Leiden willig folgen will! Mögen die Menschen spotten und lachen, mag mein alter Adam sich wehren, ich gehöre dir, und „weder Trübsal noch Angst, weder Verfolgung noch Hunger oder Blöße oder Fährlichkeit oder Schwert soll je imstande sein, mich von deiner Liebe zu scheiden".

Herzensdemut

Ebenso, ihr Jüngeren: seid den Ältesten (oder: Älteren) untertan. Allesamt aber legt euch im Verkehr miteinander das Dienstgewand der Demut an, denn Gott widersteht den Hoffärtigen, aber den Demütigen gibt er Gnade. 1. Petrus 5, 5

Immer wieder begegnet man dem Vorwurf: Die Frommen sind stolz! Sie tragen die Nase sehr hoch, weil sie „Gottes Kinder" sind und viele wunderbare Dinge im Verkehr mit dem ewigen Gott erlebt haben. Ein wenig mehr Demut wäre sehr am Platze!

Das veranlaßt mich, einmal etwas über Herzensdemut zu sagen.

Wer ist demütig? Ich würde antworten: „Demütig ist ein Mensch, der sich selbst richtig einschätzt." Wer geringer von sich denkt, als er nach seinen Gaben und Kräften sollte, ist nicht demütig. Manche tun das. Obwohl sie wissen, daß sie etwas können, stellen sie es in Abrede. Das nennt doch gewiß niemand Demut!

Jemand wird um seine Mitwirkung bei einem guten Werke gebeten. „Nein", wehrt er ab, „dazu habe ich keine Gaben!" Er würde es aber sehr übelnehmen, wenn ein anderer so über ihn urteilte.

Wenn Gott einem Menschen Gaben schenkt, meint ihr, dieser Mensch wisse das dann nicht? Wenn jemand zehn Zentner empfing, so hat er kein Recht, seinen Meister so zu verunehren, indem er sagt: „Herr, du hast mir fünf Zentner gegeben." Es ist keine Demut mehr, wenn ihr das euch Anvertraute unterschätzt!

Der wahrhaft Demütige denkt, wo immer möglich, so von sich, wie Gott von ihm denkt. Wenn uns Pfunde anvertraut sind, so sollen wir daran denken, daß Gott sie uns anvertraut hat, und es soll sich an uns zeigen, daß wir wie ein befrachtetes Schiff um so tiefer ins Wasser einsinken, je mehr wir tragen.

Die Demut spricht nicht: „Ich habe diese Gabe nicht", sondern: „Ich habe diese Gabe, und ich muß sie gebrauchen zu meines Herrn Ehre. Ich darf keine Ehre für mich selber suchen; denn was habe ich, das ich nicht empfangen hätte?" Demut fühlt, daß wir unser nicht selbst mächtig sind, sondern daß alles von Gott kommt. Demut lehnt sich auf den Geliebten und spricht: „Ich vermag alles durch den, der mich mächtig macht." Das heißt dann in der Tat, sich selbst entäußern und den Herrn Jesus Christus erhöhen, daß er sei alles in allem.

Die unfehlbare Quelle unserer Erkenntnis

. . . und um so fester steht uns nun das prophetische Wort, das wir besitzen, und ihr tut wohl, auf dieses achtzugeben als auf ein Licht, das an einem dunklen Ort scheint, bis der volle Tag anbricht und der Morgenstern in euren Herzen aufgeht. 2. *Petrus 1, 19*

Man sagt, die Bibel sei schwer zu verstehen. Sie ist es nicht für den, der unter der Leitung und Erleuchtung des Heiligen Geistes steht. Wohl sind unendlich tiefe Wahrheiten in sie hineingelegt, die über unser Fassungsvermögen weit hinausgehen. Sie zeigen uns, wie schwach unsere menschliche Vernunft ist. In der Hauptsache aber, in den fundamentalen Wahrheiten, ist die Bibel weder schwer zu verstehen, noch bietet sie eine Entschuldigung für die Menge von Irrtümern, welche die Menschen aus ihr geschöpft haben wollen. Ein Anfänger in der Wahrheit, der vom Geiste Gottes gelehrt ist, kann den Willen des Herrn in bezug auf unsere Seligkeit wissen und seinen Weg zum ewigen Leben finden.

Ob das nun aber tief oder einfach sei – es ist das Wort Gottes reine, irrtumsfreie Wahrheit. Hier und sonst nirgend ist Unfehlbarkeit.

Ich empfehle jedem Christen den beständigen Gebrauch des unfehlbaren Wortes, weil unser Vorkämpfer, der Heiland, sich dieser Waffe bediente, als er vom Satan in der Wüste angegriffen wurde. Er hatte sicherlich eine große Anzahl von Waffen, mit welchen er den Gegner hätte zurückschlagen können, aber er nahm keine als das Schwert des Geistes: „Es steht geschrieben!"

Sicherlich hätte Jesus den Teufel durch Engelmächte abweisen können oder ihn einfach durch die Macht seiner göttlichen Autorität dahin schicken, wohin er gehört. Aber statt all dieser Mittel bediente er sich des einen: „Es steht geschrieben!" Damit wollte er uns sagen, daß auch wir in unserem Kampfe nie ein anderes Mittel, vielleicht gar weltliche Macht oder fleischliche Klugheit zu Hilfe nehmen dürfen, sondern immer nur der Gewalt des göttlichen Wortes vertrauen sollen. Das allein ist „gute Wehr und Waffen" im Streit für die Wahrheit und gegen die Einflüsterungen des Feindes unserer Seelen.

Das uferlose Meer der Gnade

Wenn wir aber im Licht wandeln, wie er im Licht ist, so haben wir Gemeinschaft miteinander, und das Blut seines Sohnes Jesus macht uns von aller Sünde rein.

1. Johannes 1, 7

Ist die Schuld der Sünde unfaßbar groß, so ist das Meer der Gnade noch viel tiefer und größer, es ist unermeßlich. Immer wieder steht man vor diesem Wunder.

Was muß das überhaupt für Gnade sein, die Sünde vergeben kann – Sünde, so schwer, daß auch der tiefste Geist sie nicht in ihrem ganzen Umfang begreift! Ach, ich weiß, meine Sünden sind bergehoch, ja sie reichen bis an den Himmel! Aber gepriesen sei der Name des Herrn: das Blut Jesu Christi übersteigt in seiner Kraft und Wirkung alles!

Das uferlose Meer der Gnade ist tiefer als der Abgrund meiner Schuld. Meine Sünde ist groß, aber Christi Verdienst ist noch größer. Ich kann meine Schuld nicht ausdenken und noch viel weniger aussprechen, aber „das Blut Jesu Christi, des Sohnes Gottes, macht rein von *aller* Sünde".

Unfaßbar ist die Schuld, aber unendlich ist die Gnade. Unbegreiflich groß sind meine Vergehungen, aber unermeßlich ist das Verdienst Jesu Christi, das sie alle bedeckt. Und wenn deine Sünden höher wären als des Himmels

Dom, Christus ist noch höher als der Himmel. Die Himmel der Himmel fassen ihn nicht. Wären deine Sünden auch tiefer als der Abgrund der Hölle, Christi Versöhnungswerk reicht noch tiefer hinab; Christus stieg ja tiefer, als je ein Mensch steigen kann, tiefer als die Verdammten in ihrer Qual. Er versank bis in die äußerste Tiefe der Gottesferne, und tiefer können auch deine Sünden nicht dringen. O unumschränkte Liebe, die alle Schuld bedeckt!

Doch genug. Wenn auch meine Worte für diesen Gegenstand nicht ausreichen, eins hoffe ich zur Genüge gesagt zu haben und will es noch einmal wiederholen: Wer an den Herrn Jesus glaubt, der wird selig werden, so viele seiner Sünden auch sein mögen, denn das Blut Jesu Christi hat unendliche Kraft. Wer aber nicht glaubt, der wird verlorengehen, so gering seine Sünde nach seiner Meinung auch sein mag.

Wäre es dann nicht besser, du ließest dich mit dem Gott des Himmels versöhnen, als daß du ihm feind bist? Welchen Gewinn hast du davon, daß du Gott entgegen bist? Bist du glücklicher, wenn du dich im Haß gegen ihn auflehnst?

Antworte mir, du Vergnügungssüchtiger? Hast du aus dem Becher der Weltlust wirklich Wonne getrunken? Sage mir, du Selbstgerechter, gaben all deine guten Werke deinem Fuße einen Halt? Du gehst damit um, deine eigene Gerechtigkeit aufzurichten. Ich beschwöre dich: Laß dein Gewissen reden! Es wird dir entdecken, daß dich dieser Pfad ins Verderben führt. Ich ermahne dich bei allem, was heilig und ernst, was unvergänglich und ewig ist: Eile und errette deine Seele! Traue nicht auf dich selbst! Stehe nirgends still, bis du unter dem Kreuze angelangt bist und teilhast am Blute Jesu Christi, das rein macht von allen unseren Sünden!

Ein großes Unglück geschah – ein Frommer strauchelte!

Meine Kindlein, dieses schreibe ich euch, damit ihr nicht sündigt. Sollte aber jemand (trotzdem) sündigen, so haben wir einen Fürsprecher beim Vater, nämlich Jesus Christus, den Gerechten. *1. Johannes 2, 1*

Dieser Text geht von der Tatsache aus, daß der Heilige doch ein Sünder ist. Der Apostel drückt das sehr zart aus, wenn er schreibt: „Ob jemand sündigt." Er weiß nur zu gut, daß es der Fall ist. Heilige sind ohne Ausnahme noch immer Sünder.

Fern sei es von uns, zu leugnen, daß die göttliche Gnade eine wunderbare Veränderung in den Gläubigen hervorgebracht hat. Sie wäre ja keine Gnade, wenn sie das nicht erreicht hätte. Es hat ein ganz unbegreiflicher Wechsel gegen früher stattgefunden; aber – ein Sünder bleibt der „Heilige", bis der Grabhügel ihn deckt.

Wesentlich ist, daß der Christ die Sünde nicht mehr *liebt,* daß sie ihm ein Gegenstand des Abscheus geworden ist, ein großes Unglück, das ihm begegnete, als er sich mit ihr verunreinigte. Er betrachtet Sünde nie als eine Kleinigkeit, spricht nie im leichten Ton von ihr. Er sieht sie als eine giftige Schlange an, die ihn in einem unbewachten Augenblick gebissen hat. Gewollt und bewußt hat er den Becher der Sünde nie an seine Lippen gesetzt.

Die Sünde ist in den Herzen der Gläubigen wohl *nieder*geworfen, aber sie ist noch nicht völlig *hinaus*geworfen. Darum kann sie wohl das Haupt erheben, den Thron aber kann sie nie besteigen. Die Sünde spukt wohl umher in der „Stadt Menschenseele", sie lauert in den Höhlen und Winkeln auf die Gelegenheit, Unheil anzurichten, aber sie wird weder in den Straßen geehrt noch in den Palästen gefeiert.

Der Christ sündigt niemals mit jener greulichen Frechheit und Prahlerei, deren sich der Unwiedergeborene schuldig macht. Andere wälzen sich in Übertretungen und rühmen sich ihrer Schande; wenn aber ein Gläubiger fällt, so brüstet er sich nicht, sondern geht in die Ecke, um dort still zu weinen. Die Sünder stürzen sich in Schande wie Kinder in ihres Vaters Obstgarten; die Gläubigen aber schleichen sich davon wie Diebe, die verbotene Früchte von fremden Bäumen genommen haben. Bei einem Christen sind Sünde und Schande immer nahe beieinander. Sein Herz ist bekümmert, er geht viele Tage mit zerschlagenem Gemüt einher.

Er sündigt ja auch nicht mit jener klaren Überlegung, die die Weltlinge kennzeichnet. Der unwiedergeborene Mensch bringt es fertig, sich monatelang hinzusetzen, um seine Sündenpläne auszuhecken, der Christ aber sündigt, wenn er überrumpelt wird. Er kann die Sünde wohl in den Mund nehmen und schnell herunterschlucken, aber er kann sie nicht im Munde hin und her schieben, um die Zunge daran zu laben. Wer eine Sünde noch mit Bedacht vorbereiten kann, der steht unter der Herrschaft des Teufels.

Dem Christen ist die Sünde nie Wohlgeschmack, den er zu wiederholen begehrt; sie wird ihm vielmehr zu bitterer Galle, so süß sie auch für Augenblicke auf der Zunge gewesen sein mag. Der Rückblick auf den Fall ist für den bekehrten Menschen voller Trauer und Anklage. Sein Gewissen verklagt ihn. Wenn er auch wollte, er könnte nicht in derselben Weise sündigen wie andere. Er besitzt einen verfeinerten Geschmack, darum ekelt ihn innerlich vor dem nur scheinbar leckeren Bissen der Sünde; sie ist ihm niemals Lebenselement.

Die Gnade Gottes mit ihrer verborgenen und heimlichen Berührung kehrt allen Wohlgeschmack der Sünde in Bitterkeit, ihren Honig in Wermut. Sollte ein Christ sündigen – und ich gebe zu, daß er es tun wird –, so ist er doch nur mit geteiltem Herzen dabei. Immer geht es nach dem Bekenntnis des Apostels Paulus: „Das Böse, das ich nicht tun will, das tue ich.“ Das Herz gehört doch dem Herrn, nicht der Sünde.

Die Gerechtigkeit Gottes ist befriedigt

Und er ist die Versöhnung (oder: Sühnung = das Sühnopfer) für unsere Sünden, aber nicht nur für die unsrigen, sondern auch für die der ganzen Welt. 1. Johannes 2, 2

Die Gerechtigkeit Gottes, deren Stimme dem Donner glich, die einst so drohend dem Sünder gegenüberstand, ist jetzt seine Sachwalterin geworden, die *für* ihn eintritt. Wie tief er auch gefallen sei, wenn er seine Sünden bekennt, soll er Vergebung finden und von all seiner Untugend gereinigt werden.

Um das alles zu verstehen, müssen wir die hohe Stellung des Opfers ins Auge fassen, das sich selbst der göttlichen Gerechtigkeit zur Sühne darbrachte.

Die Menschen hatten gesündigt, das Gesetz forderte ihre Bestrafung. Aber Jesus, der ewige Sohn Gottes, den frohlockende Engel in heiligen Lobgesängen von Ewigkeit her preisen, der Liebling im Reiche seines Vaters, der erhöht ist über Mächte und Gewalten, mit einem Namen begabt, der über alle Namen ist, dieser Jesus stieg herab und wurde ein Mensch. Er wurde geboren von der Jungfrau Maria und in eine Krippe gelegt. Sein Gang über diese Erde war voll Mühseligkeit, bis er in dem martervollsten Todeskampf die Bitterkeit des Sterbens schmeckte.

Denkt doch nur an die wunderbare Person Jesu Christi! Sohn Gottes, König der Engel, Schöpfer, Erhalter und Herr des Weltalls ist er. Müßt ihr dann nicht einsehen, daß durch *sein* stellvertretendes Leiden dem Gesetz die völlige Genüge geleistet war? Damit war den Sünden eine größere Sühne verschafft, als sie in den Leiden aller Menschen, die je lebten, zu finden gewesen wäre.

Hätte Gott das ganze Menschengeschlecht vernichtet, wären alle Welten, die im Äther kreisen, als ein einziges mächtiges Brandopfer zur Sühne dargebracht worden, das alles wäre nicht von der rechtfertigenden Kraft gewesen, die im Tode Jesu liegt. Der Tod aller Menschen hätte ja eben nur sterbliche und sündige Kreaturen getroffen. In Christus aber übernahm der ewige Gottessohn selbst die Strafe. Es war der göttliche Erhalter der Welt, der am Kreuze hing.

In seiner Gottheit liegt eine solche Majestät, daß all ihr Tun von wunderbarem und unermeßlichem Wert ist. Als Christus sein Sternendiadem niederlegte, um eine Dornenkrone auf seine Stirn drücken zu lassen, als seine Hände, die einst das Zepter des Weltalls führten, an das Kreuz genagelt, seine Füße ans Holz befestigt wurden, als er sein Haupt im Sterben neigte, war der Gerechtigkeit vollgültig Genüge geleistet, so vollgültig, wie das nie der Fall hätte sein können, wenn auch das ganze Weltall in verzehrendem Gerichtsfeuer auf ewig vernichtet worden wäre.
Sieh, der Sohn Gottes selbst hat deine Sünde getragen! Nun laß alles Zagen in dir verstummen und folge seinem Rufe: „Komm her, du Mühseliger und Beladener! Ich will dir Ruhe geben."

Vom Erkennen der Güte Gottes

Und wir haben die Liebe, die Gott zu uns hat, erkannt und geglaubt: Gott ist Liebe, und wer in der Liebe bleibt, der bleibt in Gott, und Gott bleibt in ihm.
1. Johannes 4, 16

Wenn ihr manche Jünger Jesu auffordern würdet, mit kurzen Worten zu sagen, was sie vom christlichen Leben denken, so würden sie mit einem tiefen Seufzer beginnen, dann würden sie, nur aufs leiseste auf die göttliche Gnade hindeutend, mit der Beschreibung ihrer beständigen Seelenkämpfe, ihrer tiefen Trübsale, ihrer fast unüberwindlichen Anfechtungen und ihrer bodenlosen Verderbtheit fortfahren, um mit einem zweiten schweren Seufzer zu schließen.
Würdet ihr aber an einen gesunden Christen dieselbe Frage richten, so würde er freudig bekennen: „Ich habe erkannt und geglaubt die Liebe, die Gott zu uns hat, und von mir selbst, von dem, was bei mir ist, will ich gar nichts weiter sagen."
Nach meiner Überzeugung ist dies das beste Bekenntnis, das ein Kind Gottes ablegen kann. Es ist wohl wahr, daß

wir unsere Versuchungen haben, unsere Fehler und Gebrechen, das erkennen wir in ehrlicher Trauer an; aber viel denkwürdiger und sagenswerter ist es, daß wir einen Erlöser haben, der uns alle in sein Erlöserherz einschließt, der diese Schwächen besiegt und uns Kraft gibt, den Drachen unter unsere Füße zu treten.

Wenn wir zurückblicken, wagen wir nicht zu leugnen, daß wir an der Höhle eines Löwen vorbei mußten. Es wäre Unrecht, wenn wir bestreiten wollten, daß wir den Sumpf der Verzagtheit mühsam durchwatet haben und daß wir durch das Tal der Erniedrigung gekrochen sind; aber wir dürfen sagen, daß wir das alles nun glücklich überstanden haben. Wir sind hindurchgekommen.

Unsere Sorgen sind die Herolde der Gnade gewesen. Unser Gram und Kummer, den wir hatten, kann die lieblichen Lobgesänge nicht trüben, ja, wir halten diesen Kummer für die tiefen, tragenden Töne unseres Gesanges. Je tiefer unsere Trübsale, desto lauter der Dank gegen Gott, der seine Knechte durch alles sicher hindurchgeführt und bis jetzt treulich bewahrt hat. Unsere vergangenen Prüfungen stören unsere selige Anbetung nicht. Sie schwellen nur den Strom unserer dankbaren Empfindungen. Mögen wir auch alle unsere Versuchungen niederschreiben und in Rechnung bringen, so müssen wir doch immer wieder das eine Geständnis ablegen: „Wir haben erkannt und geglaubt die Liebe, welche Gott zu uns hat."

Beachtet den Unterschied, den der Apostel macht zwischen Erkennen und Glauben! Bisweilen *erkennt* der Christ die Liebe, welche Gott gegen ihn hat, und zu anderen Zeiten glaubt er daran. Darüber laßt uns noch ein wenig nachsinnen.

Zuzeiten gönnt Gott es uns, seine Liebe zu uns zu erkennen. Ich will nun zwei Einzelfälle anführen, aus denen zu ersehen ist, wie das geschehen kann.

Manchmal erkennt der Christ die Liebe Gottes, indem er sie sieht. Er geht in sein Haus; sein Auge schaut die reichen Vorräte, die Gott ihm schenkte. „Sein Brot wird ihm gegeben, sein Wasser hat er gewiß." Dazu ist „das Geheimnis Gottes über seiner Hütte". Der Allmächtige ist mit ihm. Seine Kinder blühen und beglücken sein Herz.

Seine Fußtapfen triefen von Segen, seine Wurzeln nähren sich vom nahen Bach, und der Tau liegt auf seinen Feldern. Er genießt die Segnungen des Himmels über sich, gleichwie die Erfrischungen der Tiefe. Wahrhaftig, ein solcher Mann kann sagen: „Ich erkenne die Liebe Gottes, denn ich sehe sie!"
Indessen würde dies alles noch nicht hinreichen, ihn vollständig von der Liebe Gottes zu überzeugen, wenn er nicht auch das Bewußtsein in sich trüge, daß alle diese Dinge ihm nicht gegeben werden als Genüsse, die man hastig hinunterschlingt, sondern daß sie ihm verliehen sind als Liebespfänder eines liebreichen Gottes. Seine Wege gefallen dem Herrn, und darum nötigt er auch seine Feinde, daß sie mit ihm in Frieden leben. Zu solch gesegneter Zeit haben Jünger Jesu einen freudigen Geist. Wenn sie die Heilige Schrift lesen, dann herrscht eine große Klarheit von Anfang bis zu Ende. Das Werk ihres Herrn liegt ihnen am Herzen, und der Herr krönt ihre Arbeit mit Erfolg. Sie säen und ernten, sie pflügen, und die Furchen strotzen von reicher Fülle. Das Werk ihrer Hände ist fest gegründet, und ihre Liebesarbeit ist angenehm vor Gott. So können dann solche Gotteskinder sprechen: „Ich *erkenne* die Güte Gottes."

Warum liebst du Jesus?

Wir dagegen lieben, weil er (d. h. Gott) uns zuerst geliebt hat. 1. *Johannes* 4, 19

Solange unsere Liebe sich noch im Kindheitsstadium befindet, lebt sie von dem Gefühl des Dankes für empfangene Wohltaten. Fragt man einen jungen Gläubigen, warum er Jesus liebt, so wird er antworten: „Ich liebe ihn, weil er mich erkauft hat mit seinem teuren Blut." Und wenn ihr weiter fragt: „Warum liebst du Gott, den Vater?", dann wird er sagen: „Weil er seinen eingeborenen Sohn zur Versöhnung für meine Sünden dahingegeben hat."
Das heißt doch: Wir lieben Gott, weil er uns so viel geschenkt hat. Unsere Liebe nährt sich von der einfachen

Speise der Erinnerung an empfangene Gnadengaben. Und sicher wird sich bei allem Wachstum des inneren Lebens unser Dank hier stets neu entzünden.

Wenn der Christ dann aber an Alter und Gnade bei Gott zunimmt, so liebt er Christus noch aus einem anderen Grunde. Er fühlt, daß Christus es wert ist, um seines Charakters willen geliebt zu werden. Ich glaube, sagen zu dürfen, daß ich jetzt in meinem Herzen eine Liebe zu Gott empfinde, die nicht mit dem Bewußtsein meiner persönlichen Erlösung zusammenhängt. Ich fühle sehr stark, daß ich ihn lieben muß, weil sein Wesen so unaussprechlich liebenswert ist. Seine Liebe zu Verlorenen nötigt mich geradezu, ihn auch zu lieben.

Die Tatsache, daß Christus die Menschen liebt, überwältigt mich. Ganz abgesehen von meinem persönlichen Anteil an seinem Heil muß ich sagen: „Ich liebe Christus, ich habe mein Herz an ihn verloren. Ich habe die leuchtende Schönheit seines Wesens empfunden. Ich fühle, daß ich zu seinen Füßen sitzen und sagen könnte: ‚Herzliebster Jesus, ich liebte dich zuerst um deiner Gaben willen; nun aber liebe ich dich, weil du selbst so liebenswert bist. Der Strahlenglanz deiner Göttlichkeit hat mein Herz überwältigt. Du hast meinen Geist entzückt mit der unaussprechlichen Liebesherrlichkeit deines Wesens; und nun liebe ich dich nicht darum, daß ich von deinem Brot gegessen habe, und meine Bedürfnisse von deiner wunderbaren Güte gestillt wurden, nein, ich liebe dich um deiner selbst willen.‘ “

Aber merkt wohl, daß wir hiermit doch immer nur auf dem ersten Grunde fußen. Schließlich lebt unsere Liebe vom Dank für die erfahrene Errettung.

Ich habe Ärzte sagen hören, daß für einen Kranken kein Aufenthalt geeigneter sei als der an seinem Geburtsort. So ist es auch mit uns. Wir müssen, damit unsere Liebe nicht matt und krank wird, zurück an den Ort, da sie geboren wurde, nach Gethsemane und Golgatha, wo wir unseren Heiland anbeten für das, was er an uns getan hat.

Gott kommt zu uns

Wir dagegen lieben, weil er (d. h. Gott) uns zuerst geliebt hat. *1. Johannes 4, 19*

Gott fängt mit den Menschen an.

Es gibt heute kluge Leute, die behaupten, in vielen Fällen mache der Mensch den Anfang. Wenn man z. B. Gottes Werke betrachte, so könne man gar nicht anders, als ihn lieben. Ich antworte darauf, daß diese wunderbare Gottesschöpfung diese Ehrfurcht ja erst weckte. Gott fing an.

Der Mond hat kein eigenes Licht, sondern nur das, das ihm von der Sonne zuströmt. Und so wohnt im Herzen der Menschen nur Liebe, wenn dieselbe ihren Ursprung in Gott hat. In allen Fällen und immer wieder hat Gott den Anfang gemacht. Er ist seinem ganzen Wesen nach Liebe. Aus diesem übersprudelnden Quell der unendlichen Liebe Gottes muß auch unsere Liebe zu Gott hervorströmen.

Man kann an Gottes Dasein glauben; das heißt aber noch nicht, ihn zu lieben. Wir haben öfter gehört, daß es kaum je einen Naturforscher von Weltruf gegeben habe, der Gott nicht bewunderte. Aber zwischen Bewunderung und Liebe ist noch ein sehr großer Unterschied. Man kann sogar mit Anbetung vor Gott gestanden haben ob seiner Größe. Aber auch Anbetung ist noch nicht Liebe.

Man redet auch von Liebe zu Gott, die im Anblick landschaftlicher Schönheit geweckt wurde; aber daran geglaubt habe ich noch nie. Wir glauben wohl, daß die Liebe zu Gott, die in einem Herzen schon vorhanden ist, durch die Wunder Gottes in der Natur neu belebt werden kann; nie aber können wir der Behauptung zustimmen, daß durch die bloße Betrachtung der Werke Gottes die Liebe zu ihm geweckt wird, wenn sie nicht vorher schon vorhanden war. Uns ist ein solches Beispiel noch nie vorgekommen.

Andere haben geglaubt, die menschliche Natur könne sich aus eigener Kraft aufschwingen, Gott zu lieben. Unsere Antwort lautet wieder nur, daß wir das noch nie erlebt haben. Fragen wir: „Warum hast du Gott lieb?“, dann lautet die Antwort stets: „Weil er mich zuerst geliebt hat.“

Manche Leute meinen, der Mensch könne sich aus freiem Willen zu Gott bekehren, an ihn glauben und ihn lieben. Dagegen hörte ich dieselben Leute aus ihrer Erfahrung heraus bekennen, daß sie sich durchaus nicht aus freiem Willen zu Gott gewandt hätten; vielmehr habe sie der Herr Jesus gesucht, gefunden und umgewandelt. Vor Jesu Eingreifen hätten sie ihn nicht erkannt und wären weit entfernt von ihm gewesen.
So bleibt es dabei: „Er hat uns zuerst geliebt!" Wir aber wollen aus tiefer Dankbarkeit antworten: „Darum laßt uns ihn wiederlieben!"

In den Kinderschuhen

Lasset uns den Blick hinrichten auf den Urheber und Vollender des Glaubens, Jesus. Freude lag vor ihm (er hätte nur zuzugreifen brauchen), er nahm das Kreuz auf sich, er hat die Schmach (die der Galgentod mit sich bringt) nicht geachtet, hat sich aber dann gesetzt zur Rechten des Thrones Gottes.
Hebräer 12, 2

„Ach", höre ich ein Gotteskind seufzen, das noch jung im Glaubensleben ist, „wie stümperhaft ist doch mein ganzes Tun als Jünger Jesu! Wollen habe ich wohl, aber am Vollbringen des Guten fehlt es. Wenn ich die Kleinsten in der Sonntagsschule singen höre: ‚Ich bin ein kleines Kindelein, und meine Kraft ist schwach', dann finde ich mich darin wieder, und das bedrückt mich oft so schmerzlich."
Ganz recht, mein Bruder, ich verstehe dich. Laß mich, was ich antworten möchte, in ein Gleichnis kleiden:
Du siehst auf der Straße einen geweckten Jungen und sagst zu ihm: „Du solltest die Lateinschule besuchen."
„Ach nein!" erwidert er. „Das geht nicht, ich kann ja kein Latein."
„Ei, du Tor!" antwortest du. „In der Lateinschule lernst du es ja gerade! Du fängst auch nicht sofort mit Latein an. Das kommt erst später. Erst mußt du dich mit deiner

Muttersprache vertraut machen. Dann geht es Schritt für Schritt weiter bis zum Doktorhut – wenn du sonst einen offenen Kopf hast. Du darfst nur keine Stufe überspringen."

Seht, so ist es im Christenleben: Der Doktorhut schwebt vielen vor Augen. „Der Schrift Meister" möchten sie sein, und dabei quälen sie sich immer noch mit dem Abc. Sie müssen erst lernen, auf ihren eigenen Füßen zu stehen, aber sie möchten schon Berge besteigen.

Liebe Brüder, es entfalle keinem das Herz! Bleibt nur nüchtern und setzt bescheiden Fuß für Fuß! Ich habe Leute kennengelernt, welche wünschten, die Bäume möchten bei den Gipfeln anfangen zu wachsen; aber es ging nicht. Sie waren in ihrer Selbsteinschätzung wohl Gelehrte, Kardinäle, ja Päpste. Sie kannten und wußten alles – hinterm warmen Ofen nämlich. Aber auf dem offenen Kampffelde versagten sie völlig. Der Teufel bekam viel zu lachen.

Laßt euch warnen, liebe Brüder! „Unten anfangen!", das ist Weisheit. In jeder kleinen Versuchung zu überwinden, indem ihr sagen lernt: „Es steht geschrieben!", ist der rechte Anfang. Dann geht es stufenweise vorwärts und höher hinan bis hin zu einem göttlichen Siegesleben, das triumphieren kann: „O, welch eine Tiefe des Reichtums, beides, der Weisheit und der Erkenntnis Gottes!"

Glaubensproben

Nur bitte er im Glauben (oder: mit Zuversicht), ohne irgendeinen Zweifel zu hegen; denn wer da zweifelt, der gleicht einer vom Wind getriebenen und hin und her geworfenen Meereswoge. *Jakobus 1, 6*

So gewiß die Verheißungen Gottes sind, so wahrscheinlich ist es auch, daß jeder, der ein Glaubensleben führt, durch schwere Glaubensproben gehen muß.

August Hermann Francke, der Stifter der Waisenhäuser in Halle, den Gott so wunderbar versorgte, schreibt in seiner Selbstbiographie: „Ich glaubte, als ich mich und mein Werk dem Herrn im Glauben befahl, daß ich nur zu beten brauche, wenn ich in der Not sei, um dann sofort Hilfe zu bekommen. Aber ich mußte lernen, oft lange zu warten und zu beten. Die Hilfe kam wohl, aber sie kam nicht sofort. Die Verlegenheit wurde nie zum gänzlichen Mangel, aber es gab Pausen voll harten Druckes. Alles war verausgabt. Jeder Löffel Mehl mußte vom Boden des Fasses geschabt werden, und jeder Tropfen Öl, der herausfloß, schien der letzte zu sein; aber doch kam es nie bis zum letzten Tropfen, und immer war noch ein wenig Mehl vorhanden."

Ja, so ist es. Uns ist Brot zugesagt, aber es steht nicht da, daß es Laibe von zehn Pfund Schwere sein werden. Wasser ist uns verheißen, daß es aber wie ein Bach strömen wird, ist nicht dabei gesagt. Manchmal wird es uns in kleinen Bechern zugeteilt. Gott hat nirgend verheißen, einen von uns ohne Prüfungen zu sich in den Himmel zu nehmen. Er wird uns zwar nie verlassen, aber er wird uns durch das Feuer des Goldschmiedes läutern und durch die Seife der Wäscher reinigen. Wir werden oft unseren ganzen Mut zusammennehmen müssen, und wenn der Herr scheinbar von uns gewichen ist, werden wir tief beunruhigt sein, aber „gar aus" wird er es nie mit uns machen.

Ich weiß, daß einige von euch bis hart an die Grenze des Mangels gekommen sind. Was mich betrifft, so bin ich mit diesen Dingen auch nicht ganz unbekannt. Meine 250 Knaben in den Waisenhäusern und die 80 bis 90 Studenten haben mich oft ins Betkämmerlein getrieben; aber, Gott sei Dank, ich bin auch immer wieder mit glänzendem Angesicht aus demselben hervorgekommen. Darum kann ich, auf Erfahrung gegründet, sagen: „Verlaßt euch auf den Herrn von ganzem Herzen, und verlaßt euch nicht auf euren Verstand!" Gott wird es nie zulassen, daß ein Gläubiger zuschanden wird. Er hat gesagt, und er wird es halten: „Ich will dich nicht verlassen noch von dir weichen."

Es ist so schwer, weil es so leicht ist

Um so reicher ist aber die Gnade, die er zuteilt. Darum heißt es: „Gott widersteht den Hoffärtigen, den Demütigen aber gibt er Gnade." *Jakobus 4, 6*

Wenn doch das stolze Herz nicht wäre! Keiner will als armer Mann dastehen, auch nicht vor Gott. Irgendeine Vortrefflichkeit, die sie nach ihrer Meinung über andere Leute erhebt, glauben alle zu besitzen.

Die sogenannten „besseren Leute" sind überzeugt, daß sie ein Recht haben, sich über die Armen zu erheben. Und bei dem „Mann mit der schwieligen Faust" könnt ihr oft der Meinung begegnen, das eigentlich einzig er, der wirklich vollwertige Mensch sei.

Stolz und Selbstgefühl überall! Sie sind mit der menschlichen Natur verwoben. Denkt an den verlorenen Sohn! Selbst, als all sein Hab und Gut durchgebracht war, dachte er noch an Bezahlung für das, was er von seinem Vater erbitten wollte. Er wollte sein wie ein Tagelöhner und mit seiner Arbeit bezahlen, da er es mit Geld nicht konnte.

Wir wollen nicht aus Barmherzigkeit selig werden, sondern suchen irgendeinen Winkel, um darin prahlen zu können, mag er auch noch so finster sein. Wir richten es gern so ein, daß wir uns selbst gratulieren können.

Darum kränkt ihr einen Menschen, der im bürgerlichen Leben rechtschaffen und ohne Tadel dasteht, wenn ihr ihm sagt, daß er nur auf dieselbe Weise selig werden kann wie irgendein verworfener Lasterknecht. „Ohne Geld und umsonst selig werden?" Dagegen bäumt sich sein ganzes Innere auf.

Noch ein anderes kommt hinzu: Alle von Menschen erdachten Religionen lehren, daß Gottes Gaben zu kaufen sind, ja, daß sie verdient werden *müssen!* Es gibt nur eine Religion, die von freier Gnade spricht; das ist das Evangelium von Jesus Christus.

Der Pharisäer meint, selig zu werden, weil er den Zehnten von seiner ganzen Habe opfert und zweimal in der Woche fastet. Der Heide unternimmt Wallfahrten über Wallfahrten und martert seinen Leib mit ausgesuchten Qualen.

Er will nichts geschenkt haben, sondern verdienen, bezahlen. Der Mohammedaner sucht sein Verdienst in den regelmäßigen Gebeten, und auch vom Katholiken werden Werke gefordert, solange die Seele noch im Körper ist; wenn sie ihn aber verlassen hat, müssen Seelenmessen gelesen werden.
So wandelt der Mensch den Tempel der Barmherzigkeit in ein Auktionslokal, in dem jeder so hoch wie möglich bietet, um sich die Seligkeit zu erwerben.
Aber das Evangelium steht da mit offener Hand und verschenkt Reichtümer unendlicher Gnade, so daß alle Türen der Schatzkammern des Himmels aus den Angeln gehoben werden: „Wer da will, der nehme das Wasser des Lebens *umsonst!*"
Gott fordert nicht Reichtum, den wir mitzubringen haben, sondern Armut, um uns dann reich zu machen; er beansprucht nicht Tugend und Rechtschaffenheit, sondern das schlichte Bekenntnis: „Hier kommt ein armer Sünder her, der gern durchs Lösegeld selig wär'", und dann macht er neue Menschen aus uns, die in rechtschaffener Gerechtigkeit und Heiligkeit vor ihm wandeln.

Wann fließt die letzte Träne?

Gott wird alle Tränen aus ihren Augen abwischen. *Offenbarung* 7, 17

Die kurze und bündige Antwort auf diese Frage müßte wohl lauten: „Einen kleinen Schritt vor den Perlentoren, nicht eher." Es wäre ja kein Grund vorhanden, Tränen im Himmel abzuwischen, wenn die Gäubigen nicht oft mit Tränen in den Augen dort ankämen. Bis hart an die Tore des Himmels kommen die Gotteskinder weinend, in Begleitung ihrer beiden Weggenossen: Schmerz und Kummer. Dann aber werden die Tränen auch endgültig getrocknet, und Schmerz und Seufzen müssen die Flucht ergreifen. Am Strom des Lebens in der Herrlichkeit wachsen keine Trauerweiden. Hier aber und heute stehen sie oft dicht beieinander, und wir müssen uns gesagt sein lassen, daß wir von den Trauerweiden erst Abschied nehmen, wenn uns die Siegespalme in die Hand gelegt wird. Die Tautropfen des Kummers hören nicht eher auf zu fallen, als bis sie in die Perlen der ewigen Wonne verwandelt werden. Die Gottseligkeit befreit uns vom Fluch, aber sie enthebt uns hinieden nicht den Prüfungen.

Die Alten bedienten sich der Krüglein, um darin die Tränen der Leidtragenden aufzufangen.

Ich sehe verschiedene Tränenkrüglein. Das größte von ihnen enthält all die Zähren, die Gläubige weinen müssen wie die übrigen Glieder der Menschheit auch. Körperlicher Schmerz macht vor den Kindern Gottes nicht halt. Ihr Leib und ihre Glieder, ihre Nerven und inneren Organe sind ebenso für Krankheiten empfänglich wie die der anderen Menschen. Ja, es gab und gibt nicht wenige Auserwählte Gottes, die länger als viele andere auf dem Krankenbett gelegen und härtere Schläge mit der Zuchtrute Gottes empfangen haben als andere Menschen.

Es gibt Schmerzen, welche allen Anstrengungen der Geduld spotten und viele Tränen über die Wangen rinnen machen. Der menschliche Körper ist imstande, einen außerordentlich hohen Grad von Qual zu ertragen, und es gibt nur wenige, die nie, von heftigen Schmerzen gequält, ihr Lager mit Tränen benetzt haben.

Hiermit verbunden sind Kreuz und Leid im täglichen Leben. Welcher Christ hätte nicht in seinem Beruf Spannungen ertragen oder gar ernste Verluste erleiden müssen! Hat auch nur einer von uns ein so leichtes Los, daß er über nichts mehr klagen müßte? Gibt es kein Kreuz im Hause und kein Leid außer dem Hause? Kann man die Reise vom 1. Januar bis zum 31. Dezember zurücklegen, ohne die Ermüdung des Weges zu empfinden? Gibt es keine verhagelte Ernte, keine drückende Schuld, keine böse Nachrede, keine kranken Angehörigen, die man im Gebet mit Tränen vor den Herrn zu bringen hätte?

Ihr müßtet Bewohner eines anderen Planeten sein, wenn ihr keinen Kummer hättet. Der Mensch ist zum Leiden geboren. Kein Schiff kann den Ozean des Lebens befahren, ohne Stürmen zu begegnen. Erst im sicheren Friedenshafen droben ist Ruhe, dann freilich bis in alle Ewigkeit.

Die Gläubigen müssen durch viele Trübsale in das Reich Gottes eingehen.
Auch der Tod liefert seinen Beitrag zu unserem Wehe. Die Erben des unvergänglichen Wesens müssen sich oft um Grabhügel versammeln. Wer hat nicht schon einen lieben Menschen verloren, der seinem Herzen so teuer war! Hat selbst Jesus geweint, so erwarte du nicht, ohne Tränen um teure Dahingeschiedene durchs Leben zu kommen. Der geliebte Lazarus starb, und so werden auch uns teuerste Freunde genommen.
Der Christ erfährt auch ebenso bittere und schmerzliche Enttäuschungen wie andere Menschen.
Ihr könnt die Wüste dieser Welt nicht durchschreiten, ohne die Entdeckung zu machen, daß Dornen und Disteln reichlich darin wachsen, und daß rauhe Steine auf unseren Wegen liegen, die uns manchmal verwunden. Das Wasser im Meer des Lebens hat salzigen Geschmack für alle Menschen. Wolken schweben über jeder Landschaft. Wir mögen oft auf lange Zeit das Lachen verlernen. Aber einst, o seliger Tag, werden wir für immer das Weinen verlernen!

Verzeichnis der Schriftstellen

Stichwortverzeichnis

Inhaltsverzeichnis